自分史上最高のキレイが手に入る

FACE TYPE

{顔}タイプメイク®

［一般社団法人日本顔タイプ診断協会　代表理事］
岡田実子

かんき出版

サロンは予約困難
イベントは満員御礼

雑誌やテレビでも話題！　講座や百貨店でのイベントでは、毎回やるたびにファンが増えています。

ただメイクをする講座ではなく、きちんと理論化されたテキストを使いながらその場で実践する指導は、再現性が高く、まったくの初心者でも短期間でグングン上達していくと大好評！　本書は、その講座の内容を、顔タイプ別に４人のモデルさんを起用してわかりやすく解説しました。

受講生のリアルな声がこちら。
みなさん、キレイが開花しています！

自分の顔タイプを知ることで、思いがけない新しい自分を発見！　**これまで使ったことのない色や質感のコスメにも挑戦できる**ので、もっとメイクが楽しくなりました！（E.Mさん　39歳）

はっきりわかったのは、**“似合う服があるように、似合うメイクがある！”**ということです。これからは似合うメイクで最大限にキレイになりつつ、なりたいも叶えるメイクをしていきたいです。（K.Yさん　26歳）

メイクを学んでたった６日の初心者の私が、まさかここまで上達すると思いませんでした。**メイクは女性の可能性を広げると実感しました。**顔タイプメイクが学べてよかったです！（M.Sさん　35歳）

顔タイプメイクなら、ここまで変われる！

Before

会社員　N.O さん
（31 歳）

After

全部、同じ人！

フレッシュ

キュート

クール

フェミニン

Introduction

はじめに

〝似合うメイク〟は あなたの魅力を輝かせる

みなさん、こんにちは。岡田実子です。

この本で、はじめましての方もいらっしゃると思います。あるいは1冊目の本、『顔タイプ診断®で見つかる本当に似合う服』を読んで興味を持ってくださった方、雑誌やテレビなどを見て気にとめてくださった方もいるでしょう。

私はイメージコンサルタントとして、顔から似合う服のテイスト、柄、素材、アクセサリー、ヘアスタイルなどがわかるようになる**「顔タイプ診断」**という理論を確立し、これまで5000人以上の女性にアドバイスしてきました。

顔タイプ診断のエッセンスをひと言で説明すると、

似合う＝外見のイメージにマッチしている

ということです。

外見のイメージを決定づけているのは、実はその人の顔立ちです。なので、顔立ちのイメージと、ファッションのテイストや素材などのイメージが合っていると、それだけで〝いつ見ても素敵な人〟〝オシャレ上手な人〟に見えるのです。

それは、メイクでも同じこと。**顔立ちによって「似合うメイク」はそれぞれ違います**。メイクに関する悩みを抱えている人は、メイクが下手なわけではなく、似合うメイクをまだ知らないだけ。**自分の顔タイプを知ると、「似合うメイク」に必ず出会えます！**

思いがけない自分のよさを知れるので、これまで使ったことのない色や質感にトライできたり、自分の個性をいかしたうえで、「なりたいイメージ」に近づけたりすることもできるようになります。**目を大きくする、華やかにするなど、さまざまな「なりたい」を叶えられるのです！**

顔タイプ診断で自分の魅力がわかり、**「『自己肯定感』が上がった！」**という方がたくさんいます。それは、パーソナルカラー診断や骨格診断とは違い、顔は個性にもなるし、コンプレックスの源にもなるからです。

人は、それぞれ魅力を持っているということを忘れないでくださいね！

メイクで人生は変わる

もっと可愛くなりたい、美人になりたいという女性を応援するのが私の仕事です。講座やイベント、雑誌などでもたくさんの企画でメイクやコスメに関する質問に答えてきました。

時代とともにメイクもどんどん進化し、「トレンドメイクをどう取り入れたらいいのかわからない！」「そもそも今のトレンドメイクは私に似合うの？」と思っている人もいるでしょう。

でも、**どんなメイクが流行ろうとも、自分に似合うメイクのスタンダード、つまり軸さえわかれば、最小限のメイクで最大限可愛くなれる、美人になれるメイクを毎日できるということです**。

生徒さんでも、顔タイプメイクをマスターすると、**「普段よりメイクが薄いのに、いつもより可愛くなってる！なんで!?」**と嬉しそうに、鏡の前に貼りついて離れない人がたくさんいます（笑）。

私の講座には婚活中の方もいらっしゃいますが、あるとき、ヘアメイクも写真撮影もプロにお願いしたのに、婚活が全然うまくいかないと悩んでいました。写真を見せていただくと、丁寧にメイクをされているのですが、すごくキツそうに見える顔をしていました。そこで私がメイクをして、写真を撮り直し、もう一度その写真で婚活をやり直したところ、ものすごく申し込みがくるようになったそうです。

実は、その方の友人も一緒に講座を受けているのですが、その友人が、「岡田先生、○○ちゃん、デートの申し込みがたくさんくるようになって忙しくて、全然遊んでくれなくなった」と嘆いていました（笑）。

実際、同じ顔なのに、メイクを変えただけで周りの反応がこれだけ劇的に変わるのです。嬉しいことに、その方はめでたくご結婚されました！

メイクを変えると、ファッション以上に自分に自信がつく女性が多くいます。なぜなら、メイクをした自分の顔が、もともとそういう顔だったと思い込むようになるから。

人は見た目が変わると、内面が変わっていきます。自信が増したり、自分を好きになることで、輝きを増していくのです。そうすると顔にハッピーオーラがやどります。

心は顔に映し出されると言いますが、まさにそれですね。

これから顔タイプメイクをお教えしていきますが、なんと言っても大事なのは、自分に自信を持つことです。その先にメイクテクニックがついてきます。

みなさんには本書をきっかけに自分の顔の個性、魅力を知っていただき、もっとメイクを楽しんでほしいと思っています。

メイクを味方につけて、人生にハッピースパイラルを巻き起こしていきましょう！

一般社団法人日本顔タイプ診断協会　代表理事　岡田実子

Contents

目次

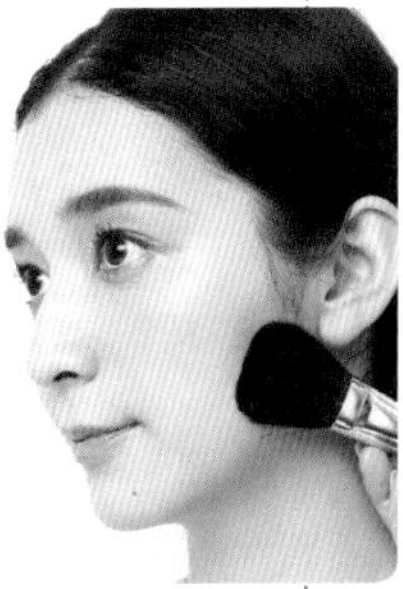

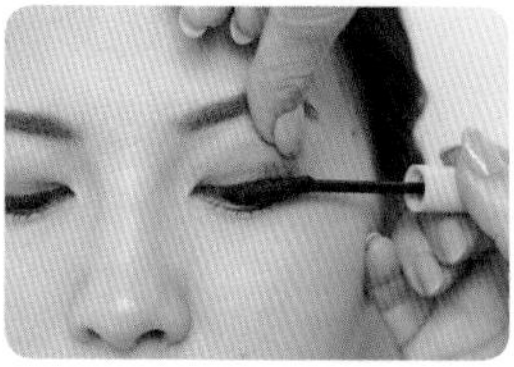

Lesson

03

顔タイプ別「私の魅力」を引き出すベーシックメイク

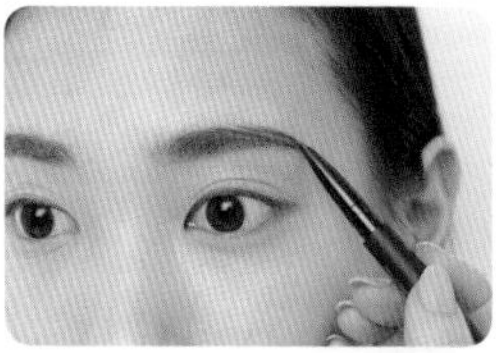

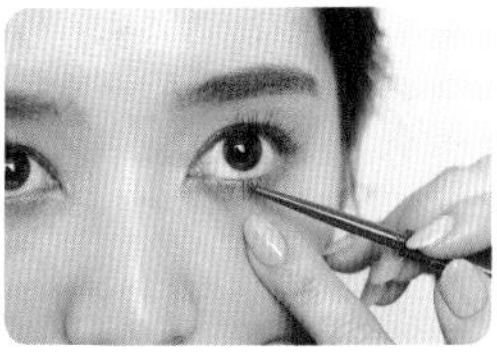

Lesson 04

ハレの日ファッションを格上げ！華やかメイク

Lesson 05

あなたの願望を叶えます！顔タイプ別お悩み解決

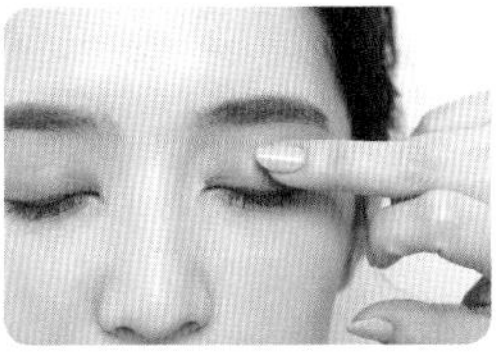

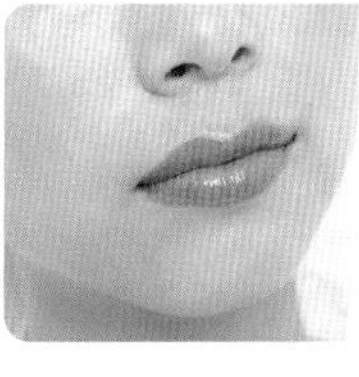

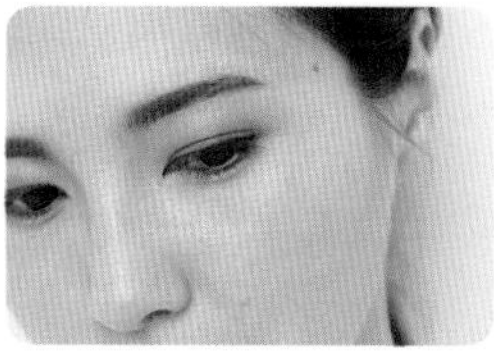

Lesson

06

顔タイプ別コスメアイテム早見表

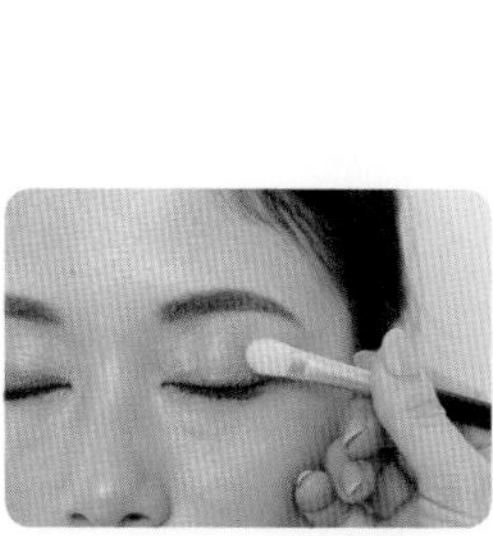

Lesson 01

似合うメイクの新法則

顔タイプ診断って何？

顔タイプ診断とは、顔の印象をもとに8タイプに分類し、似合う服のテイスト＝どんな雰囲気が似合うか、どんなブランドが似合うかを導き出します。

顔はその人にとってのいちばんの個性です。顔がないと誰かというのは判断できませんよね。体型だけを見ても特定できませんし、肌の色だけを見てもわからないものです。顔があってはじめて誰かというのがわかります。

なので、その個性を磨くことが自分の魅力をいかすことにつながるのです。

メイクの場合も同じこと。**もともとの顔立ちをいかしたメイクをすることで、その人の持つ可愛さ、美しさを最大限に引き出せるようになります。**

だから、自分の顔のここが好きとか、ここは嫌いとか言う前に、その個性がいちばん輝く方法を知っていたほうが、絶対にその魅力は輝きます。同時に、似合わないものや避けたほうがいいものもわかってくるので、そこでメイクやコスメ選びの基準がはっきりしてきます。

私に似合うメイクは どんなメイク？

デパートのコスメカウンターで美容部員さんにメイクをしてもらったとき、濃すぎてそのままでは帰れず、トイレでこっそり落とした、なんてことはありませんか？

これは子供顔の方には「あるある」ではないでしょうか。コスメカウンターでしてもらうメイクは、ほとんどが大人っぽいエレガントなメイク。それは、子供顔の方にとっては違和感に映ってしまうのです。

そう、美容部員さんも〝ひとりひとり〟に似合うメイクというのは学んでいません。私も化粧品販売をしていたころには学びませんでした。なので、トレンドのメイクをほどこしたり、キュートにするメイクやフェミニンにするメイクはできても、〝その人に似合うメイク〟は知らなかったのです。

でも、それをしたあとにお客様に言われる言葉は必ず、「私に似合うメイクを教えてほしい」でした。

似合うメイクとは、

その人のイメージに合ったメイク

です。

女性の印象はメイクで変わります。目が丸くて可愛らしく、子供っぽさを持っている人は、その可愛さをいかしてピュアに可愛く仕上げたほうが魅力が強調されます。切れ長の目の人は、その切れ長の目の美しさは他の人にはない魅力なので、そこを強調することでさらに魅力的になります。

まずは、**自分の顔をきちんと知っておくこと、そして自分の持つ個性を把握すること、それが〝似合う〟を見つけるカギ**です。メイクは自由ですが、確実に「似合う」「似合わない」は存在します。

たとえば大学を受験しようとするときに、自分の偏差値を知らないまま受験しますか？　それを知らずにやみくもに勉強しても合格は難しいでしょう。まずは、自分の現在地である偏差値を知って、それから何が得意で、どこが苦手なのか、得意不得意を知ることからはじめるはずです。そうすることではじめて、目標に対して何をするべきかがわかります。

メイクも同じように、大人っぽく見せたいからといってやみくもに大人っぽいメイクをしても、何かひとっ飛びに似合わないものを取り入れている可能性があるので、まずは自分の顔がどんなものを持っていて、理論的にどういう形でどういうものなのかを知ると、自分の魅力をいかすメイクができるようになります。

自分を知る前に他人に憧れていくと、コンプレックスが助長されることがあります。なので、**自分の魅力をいかしたうえで〝なりたい〟に近づける、これが基本です**。すると、〝私はなりたいイメージに対してこれが足りないんだ〟とか、〝ここを足すだけでよかったんだ〟というふうに、なりたいイメージに簡単に近づくことができるようになります。

「私、ずっと自分にないものばかりに目を向けてきましたが、やっと自分を好きになれそうです。私が輝くメイクってあるんですね。それが知れて嬉しいです！」

これは、顔タイプメイクのレッスンを受講したある女性の言葉です。

彼女は丸顔で可愛らしい顔立ちをしていますが、それゆえに実年齢よりも幼く見られたり、頼りなく思われることを悩んでいました。

彼女がしていたメイクは、はっきりとした濃い、いわゆる〝強めメイク〟。似合うかどうかよりも、大人っぽく強く見せたいという気持ちでメイクをしていたそうです。

変えたいものを変えるとき、**自分磨きの基本は理論的に自分を知ること**。これが可愛く、美人に変わる、いちばん早い方法です。

本書の構成は次のとおり。

Lesson 02 顔タイプ診断をもとに、自分の顔タイプを把握しましょう。顔の印象から4タイプに分類し、似合うメイクを導き出します。

Lesson 03 仕事でもプライベートでもＴＰＯを問わず万人ウケする〝ベーシックメイク〟を紹介。自分に似合うメイクの基本になるので、まずはここをしっかりマスターして。

Lesson 04 ハレの日のファッションに合わせた〝華やかメイク〟を紹介。女子会やパーティ、同窓会などのイベントで、男性からも女性からも好感度アップ間違いなし！　しかも、チェンジポイントは超簡単。

この2パターンのメイクを繰り返すうちに、自分に似合うメイクのコツがわかってくるはずです。

Lesson 05 顔タイプ別によくあるお悩みを解決。なりたい願望もイメチェンも叶えられます。

それでは、これから紹介する顔タイプメイクで、**どんなトレンドがきても正解の、〝いちばん私が輝く〟メイク**を知って、自分史上最高のキレイを手に入れましょう！

Lesson 02

あなたは
どのタイプ？
顔タイプ診断

自分の顔タイプを知ろう

これから紹介する顔タイプメイクでは、まず顔タイプ診断をして、自分の顔がどんなテイストを持っているのかを分析し、４つのタイプに分類します。

質問は全部で８個。必要なのは鏡だけ！ やり方は簡単。鏡に映る自分の顔をじっくり見ながら、次のページの診断チェックシートに当てはまる項目をチェックしていきましょう。

チェックのポイント！

- □ 髪の生え際まで顔全体が見えるように、前髪を上げて額を全部出す
- □ 表情をつくらずに真顔で行う
- □ 普段メイクをしている人は、そのメイクをした状態で見る
- □ 自撮りしてもOK。ただし、顔を正面から撮る

診断チェックシート

A｜B

Q1 顔の形は？

A	B
□ 丸顔か横長のベース型	□ 卵型か面長、縦長のベース型

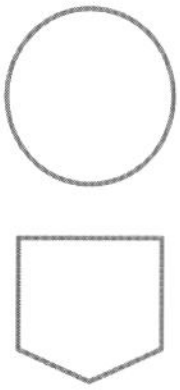

Q2 あごの長さ（唇下）は？

A	B
□ あごが短め	□ あごが長め

Q3 目の位置は？

A	B
□ 目が離れぎみ	□ 目が寄りぎみ

⇩

A　　個

B　　個

C｜D

Q4 顔全体の骨感は？

C	D
□ 顔に骨を感じない	□ 顔に骨を感じる

Q5 頬の丸みは？

C	D
□ 頬が丸く出ている	□ 頬に丸みがあまりない

Q6 目の形は？

C	D
□ 目が丸く縦幅がある	□ 目が切れ長である

Q7 鼻の形は？

C	D
□ 小鼻に丸みがある	□ 鼻筋が通っている

Q8 唇の厚みは？

C	D
□ 唇が厚め	□ 唇が薄め

⇩

C　　個

D　　個

Check! 結果は…

Aが多く、**C**が多い人
⇩
キュートタイプ

Aが多く、**D**が多い人
⇩
フレッシュタイプ

Bが多く、**C**が多い人
⇩
フェミニンタイプ

Bが多く、**D**が多い人
⇩
クールタイプ

自分の顔タイプはわかりましたか？

この診断では、あなた自身の「顔立ち」がわかります。そして、顔タイプによって人に与える印象が変わります。顔立ちやメイクと印象は密接に関わっているので、それを見極め、もしそれが見られたいイメージと違うのであれば、メイクで変えるのも１つの解決方法ですね！

顔タイプマトリクス～4タイプ

4つの分析をマトリクスにすると表のようになります。自分の顔タイプがわかったら、そのメイクをベースにして、自分のなりたいタイプに近づけることも可能です。また、「似合う」「似合わない」の理由がわかるはずです。

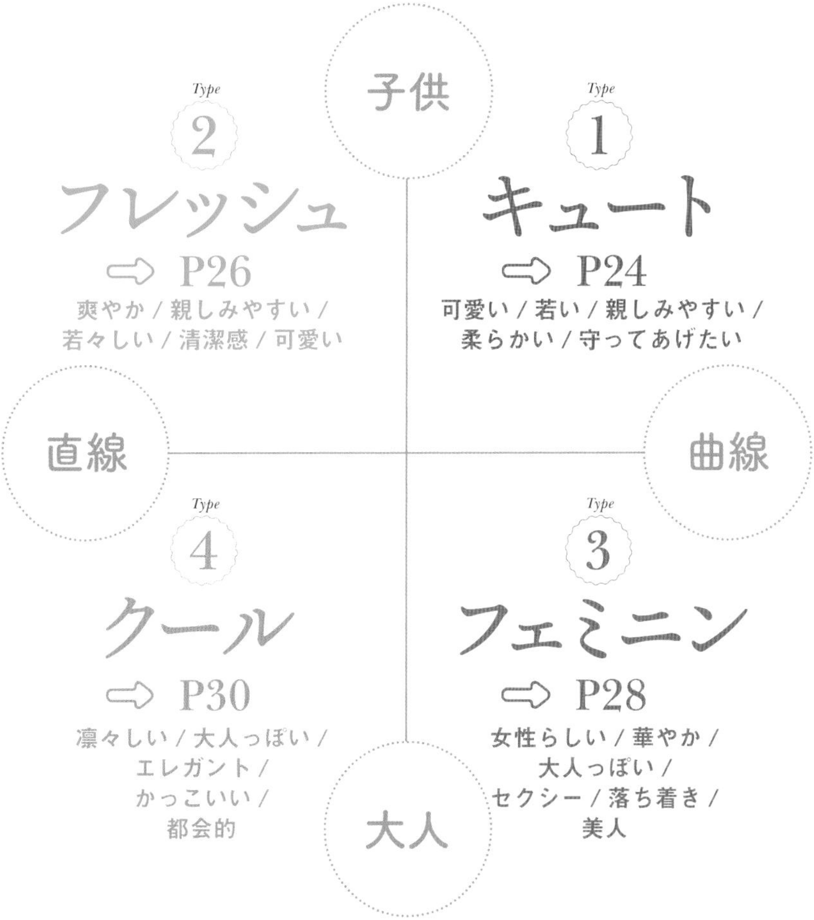

Type 1

キュート
Cute

“ピュアな可愛らしさが魅力”

子供 × 曲線

特徴

顔型：丸顔
立体感：平面的
パーツの形：全体的に丸みがある
パーツの大きさ：小さめ〜普通
輪郭：骨っぽさがない

ポイント

キュートタイプは可愛らしさや柔らかさ、明るさを感じる顔立ちが魅力です。実年齢よりも若く見られやすいタイプなので、年齢を重ねても可愛らしさを失いません。悩みとしては幼く見られたり、頼りなく見られることが多いため、「大人っぽく見せたい」「強さが欲しい」と思う人が多いようです。

似合うコスメブランド

デパコスならここ！
ジルスチュアート　ビューティ
ポール＆ジョー ボーテ
レ・メルヴェイユーズ ラデュレ
アナ スイ コスメティックス

プチプラならここ！
キャンメイク
マジョリカ マジョルカ
フーミー
エチュードハウス

ファッションのテイスト

キュートやガーリーなテイストが得意です。全体として可愛らしさや優しさのある雰囲気を出すことで、より一層、魅力的に輝きます。

おすすめのヘアスタイル

ショート〜セミロングの丸みのあるシルエット。長くするほどおとなしい印象になるので、ロングの場合でもラフなまとめ髪やお団子ヘアで軽やかにすると◎。

Type 2

フレッシュ Fresh

“爽やかな親しみやすさが魅力”

子供 × 直線

特徴

顔型：丸顔、横幅を感じるベース型
立体感：平面的
パーツの形：どこかに直線がある
パーツの大きさ：小さめ～普通
輪郭：骨っぽさがある

ポイント

フレッシュタイプは親しみやすく清潔感があり、話しかけやすい雰囲気の顔立ちが魅力です。キュートタイプと同様に、年齢よりも若く見られやすいタイプで、年齢を重ねても老けた印象になりません。悩みとしてはおとなしく見られたり、頼りなく見られることが多いため、「大人っぽく見せたい」と思う人が多いようです。

似合うコスメブランド

デパコスならここ！	プチプラならここ！
RMK	セザンヌ
THREE	&be
セルヴォーク	オルビス
to/one	ちふれ

ファッションのテイスト

気取らず爽やかでシンプルカジュアルなテイストが得意です。大人っぽくするときにも、どこかにカジュアルさを取り入れると、より一層、魅力的に輝きます。

おすすめのヘアスタイル

ショート～セミロングの直線を感じるシルエット。ロングヘアよりも肩前後の長さのほうが魅力を発揮できます。外ハネスタイルも◎。

Type 3

フェミニン
Feminine

“エレガントな華やかさが魅力”

大人 × 曲線

特徴

顔型：卵型、面長
立体感：標準〜立体的
パーツの形：すべて曲線的
パーツの大きさ：大きめ〜普通
輪郭：骨っぽさを感じない

ポイント

フェミニンタイプは華やかで、エレガントな雰囲気の顔立ちが魅力です。いわゆる女優さんにいちばん多いタイプです。あまり外見の悩みは多くないと思いますが、いかにも女性らしい甘さが嫌な人もいるようです。

似合うコスメブランド

デパコスならここ！
コスメデコルテ
ルナソル
エレガンス
アンプリチュード

プチプラならここ！
エクセル
インテグレート
ヴィセ
マキアージュ

ファッションのテイスト

大人っぽく女性らしさのあるテイストが得意です。シンプルでもカジュアルすぎず、どこかに曲線やギャザーのあるデザイン、華やかさのあるデザインが似合います。

おすすめのヘアスタイル

セミロング～ロングの丸みのあるシルエット。ショートの場合は巻いたり、後頭部にボリュームを出して大人っぽくすると◎。

Type 4

クール
Cool

“洗練された美人オーラが魅力”

大人 × 直線

特徴

顔型：卵型、面長、縦長のベース型
立体感：標準～立体的
パーツの形：すべて直線的
パーツの大きさ：大きめ～普通
輪郭：骨っぽさを感じる

ポイント

クールタイプはかっこよく都会的で、いわゆる美人系の顔立ちが魅力です。クールビューティと評されるのもこのタイプです。落ち着きがあり、頼りがいのあるしっかりした人に見られる反面、キツそうに見られやすいタイプでもあります。若いころは実年齢よりも年上に見られることが多いようです。

似合うコスメブランド

デパコスならここ！	プチプラならここ！
NARS	KATE
ボビイブラウン	リンメル
アディクション	レブロン
ランコム	メイクアップフォーエバー

ファッションのテイスト

スタイリッシュでクールなテイストが得意です。キリッとした魅力を引き立てる、都会的でマニッシュなデザインが似合います。

おすすめのヘアスタイル

セミロング〜ロングの直線、またはゆるやかな曲線を感じるシルエット。ショートの場合は前下がりボブが◎。

自分に似合うコスメブランドは、パッケージとイメージモデルでわかります！

コスメを買うとき、どのように決めていますか？　そのときどきの気分もあると思いますし、雑誌でおすすめされていたとか、好きな女優さんやモデルさんが使っていたから、という理由で買うこともあるでしょう。

でも、実際に使ってみたところ、「せっかく買ったのに合わない」「イメージと違った」など、使わずじまいのコスメも手元にあるかもしれませんね。

今回、Lesson02で顔タイプ別に似合うコスメブランドを掲載しましたが、**コスメ選びで失敗しないポイントは、パッケージやポスターなどに起用されているイメージモデルを見ること**です。そして、**販売員さんの顔**も参考になります。

たとえばコスメのパッケージやケースが可愛らしく、クリアなものが多かったりすると、コスメの色もキュートタイプに合う色が多いですし、反対に、パッケージが黒くて、コスメの色もくすんだ色が多ければかっこいい系なので、クールタイプに合うということがわかります。きっと販売員さんもかっこいい顔立ちのはずです。

これは1冊目の本、『顔タイプ診断®で見つかる本当に似合う服』でもお伝えしましたが、洋服もキュートタイプに似合う可愛い系のお店では、フリルやギャザーなどの曲線が多い服が置いてあるわけです。そういうふうに、**実はコスメも似合う服選びと連動しています**。

コスメ選びの決め手は、自分の顔タイプの雰囲気に合いそうなパッケージかどうか、そしてイメージモデルの顔がどんなタイプで、どういうメイクをしているかを見ましょう。すると、失敗することが少なくなるはずですよ。

Lesson 03

顔タイプ別「私の魅力」を引き出すベーシックメイク

Type 1

ベーシックメイク
キュート
Cute

After

Before

“子供×曲線が
魅力の「可愛さ」を
存分にいかして”

ビフォーアフター

Eye チャームポイントの丸い目元を強調して

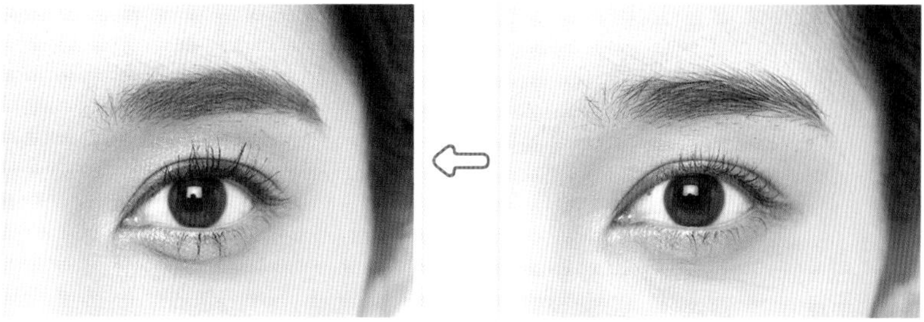

Cheek ふんわり、丸みのあるほっぺを意識して

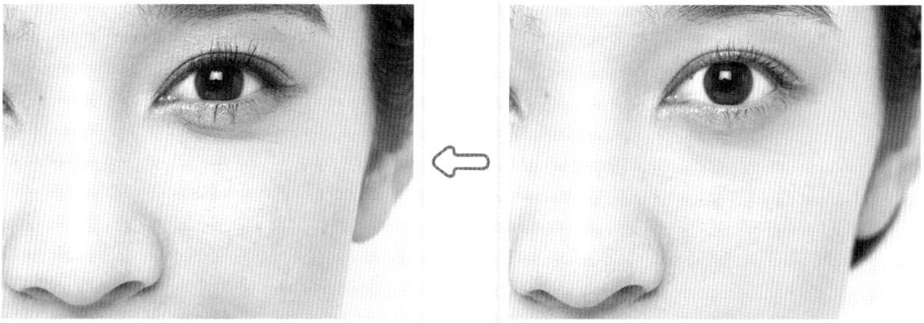

Lip ピュアな可愛らしさのあるカラーを使用して

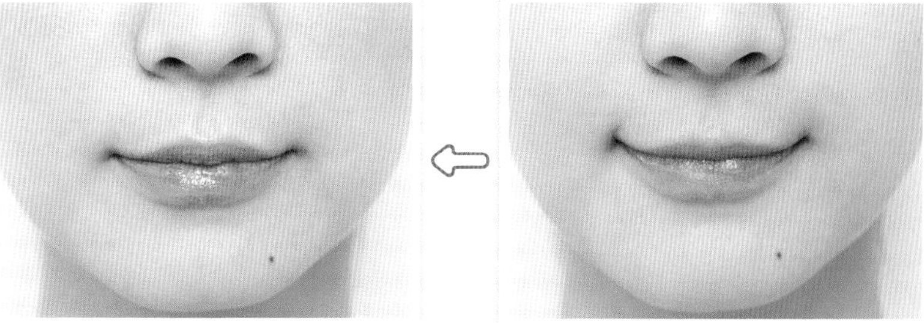

start

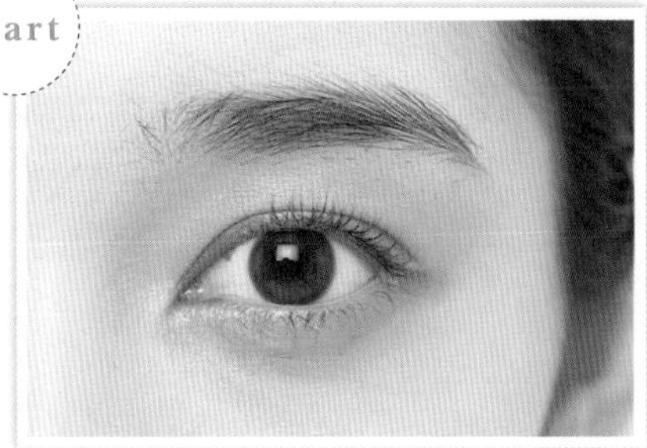

短めでふんわり丸みのある眉に ――【アイブロウ】

1

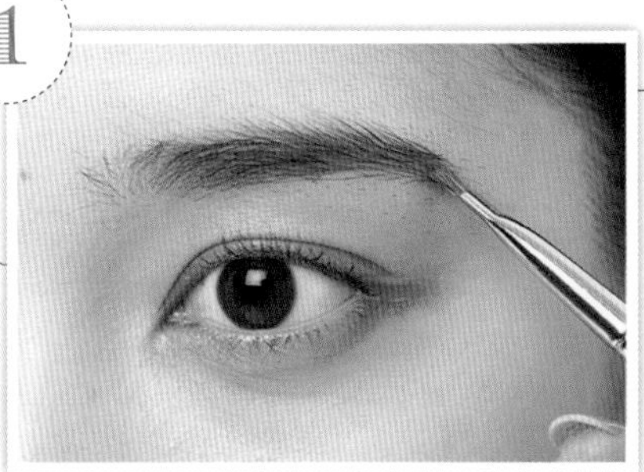

NG
長く描きすぎると老けて見えるのでNG！　眉の輪郭もはっきり描きすぎないように。

aのブラウンをブラシにとって、眉山から眉尻までのせていく。もとの眉の形にそって**パウダーをふわっとのせる**ように。

USE

» P130で
紹介したアイテム

2

眉中の毛が多いところはパウダーをのせなくてOK。**眉頭はブラシに残ったパウダーをごく薄く**のせる。

Type 1 キュート

3

＼眉毛の色を柔らかく／

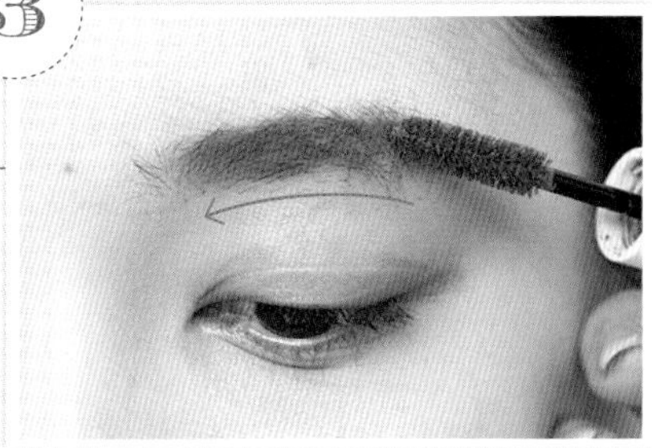

USE

» P130 で
紹介したアイテム

眉マスカラを眉尻から眉頭に向けて、毛の根元を立たせるように塗る。**眉毛の裏側にしっかり絡ませて**、色をなじませるのがコツ。

4

＼主張しすぎないふんわり眉に／

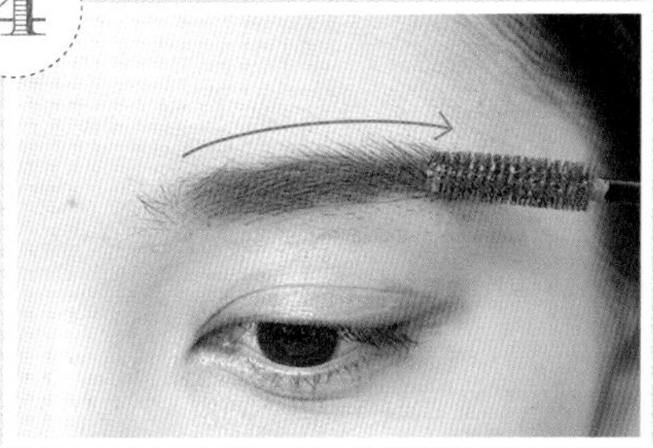

眉頭から眉尻に向けて、眉毛の表側にも塗る。**最後にパウダーを眉全体にふわっとひとはけ**させると、なじんで垢抜ける。

⇩

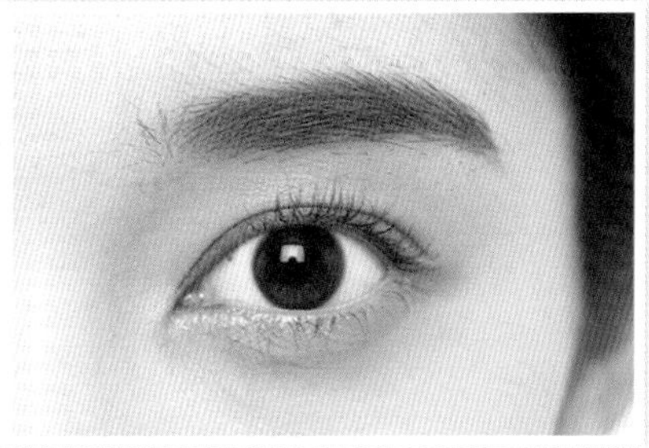

チャームポイントの目の丸みを引き出す【アイシャドウ】

＼まずはまぶた中央からしっかりオン／

5

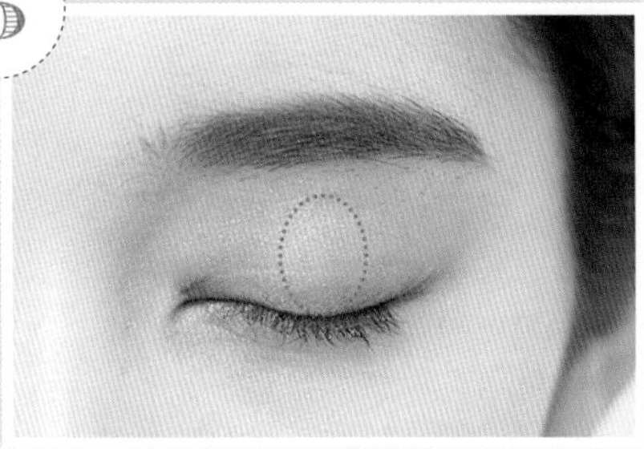

USE

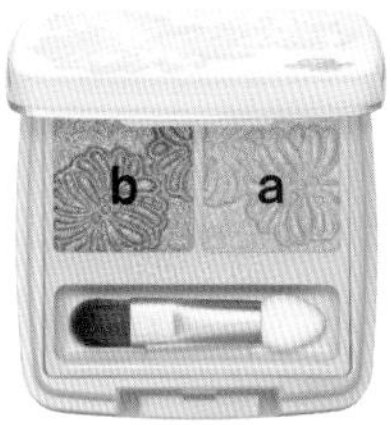

aのピンクを大きめのアイシャドウブラシにとり、**まぶた中央に楕円形にのせる**。しっかり色づけばOK。

» P130で
紹介したアイテム

6

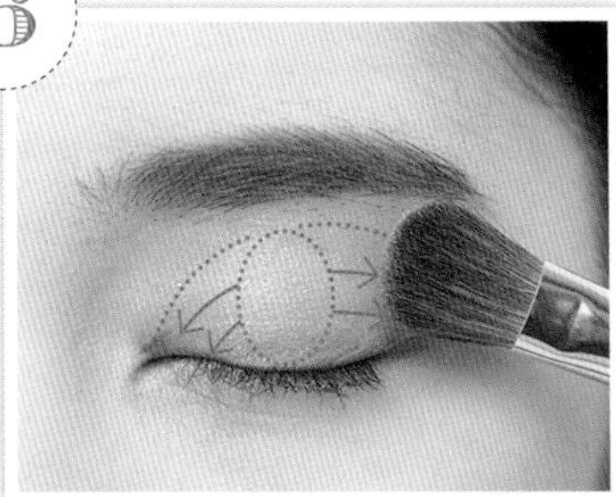

⑤でアイシャドウをのせた中央からアイホールのくぼみにそって左右にぼかす。**中央は濃く、目頭と目尻が薄くなるようにグラデーションを意識して。**目が丸く見えます。

＼涙袋はアイラインやマスカラのにじみ防止にも◎／

7

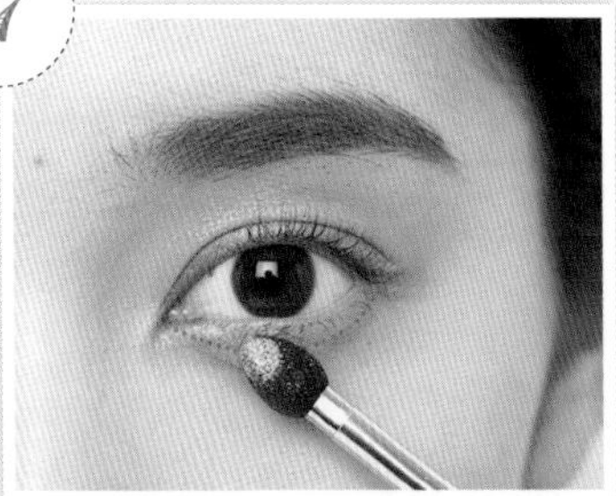

下まぶたのキワ全体にaのピンクを塗って涙袋を演出。チップの先端を使って、涙袋からはみださないように。**黒目下を濃くつけるとさらに涙袋はぷっくりします。**

8 \ ベージュを重ねて立体感を /

USE

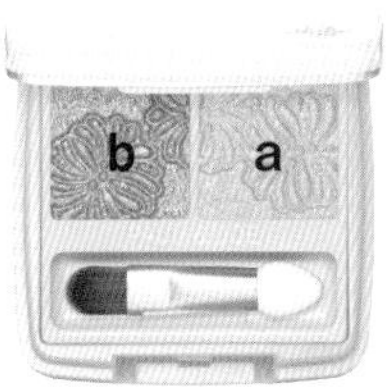

» P130で
紹介したアイテム

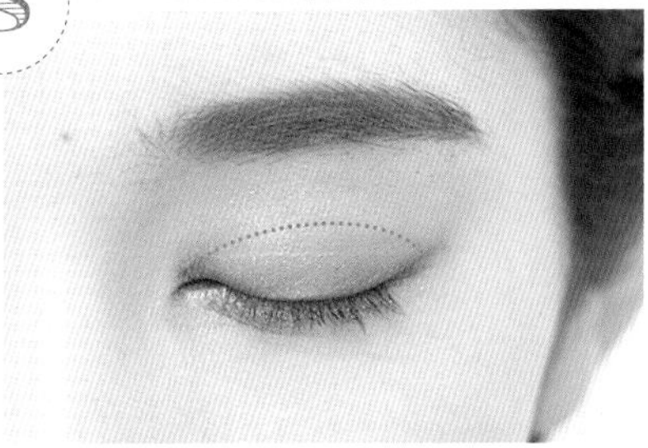

bのベージュを目の形にそって、二重幅かそれより少し広めにのせる。**半月になるようにぼかして、目の丸みをさらに強調**する。

9 \ ブラウンでキュッと引き締め /

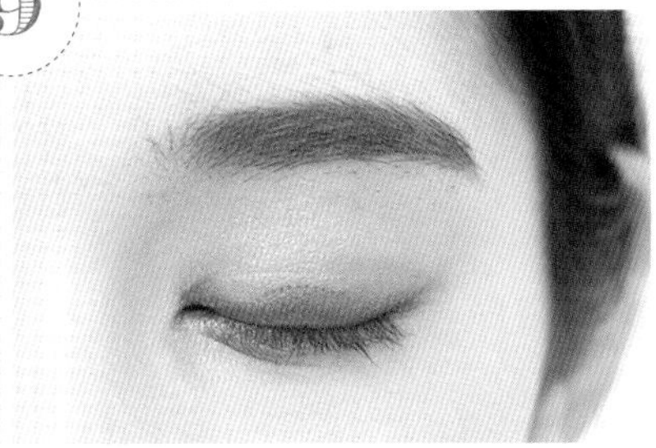

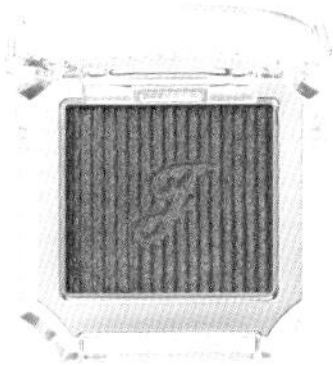

» P130で
紹介したアイテム

USE

ブラウンで引き締める。細いブラシを使ってまつ毛の生え際全体につけてから、**黒目上だけ半月にのせる。**

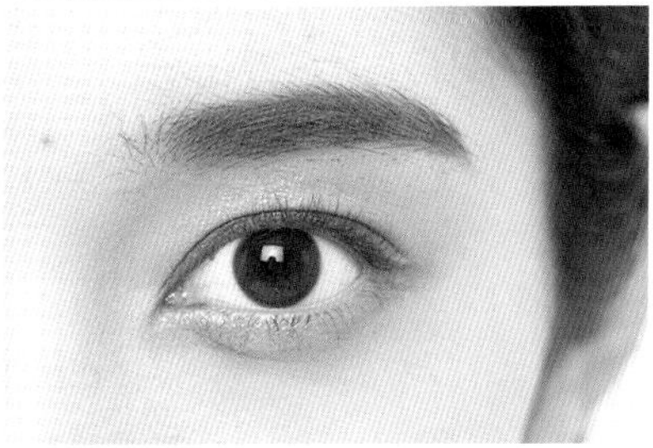

黒目幅の隠しラインで丸い目元を強調 ――【アイライン】

10

軽くまぶたを引き上げながら、まつ毛の根元をなぞるように、目頭から目尻まで少しずつ描いていく。**いっきに引かず、細かく動かすと描きやすい。**

NG

アイライナーは黒だと目がキツく見えてしまうので NG！ナチュラルに強調できるブラウンが◎。

\ 黒目幅だけに太さをプラス /

11

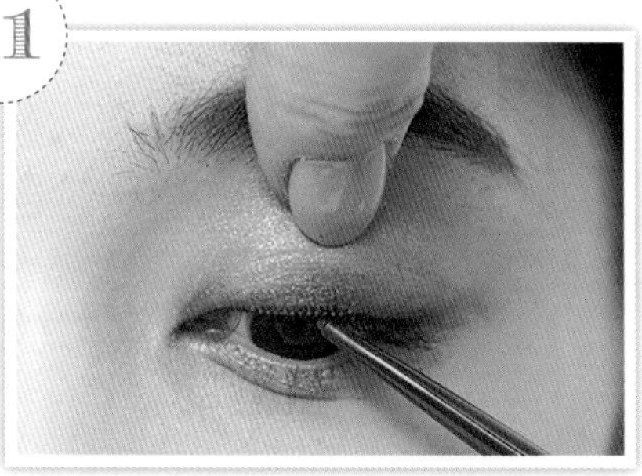

目の粘膜が見えている人はインサイドラインをいれて。**黒目幅だけにいれることで、黒目の存在感をさらに強調できる。**

USE

» P130 で紹介したアイテム

目を開けると…

\ 黒目がサイズアップ！ /

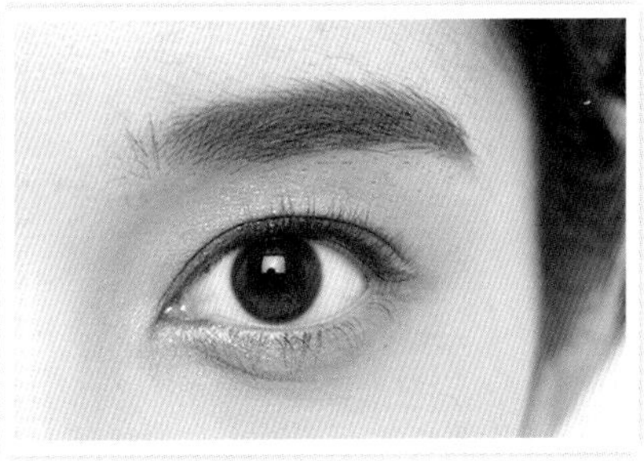

目を閉じると…

\ ラインがわからないほど自然！ /

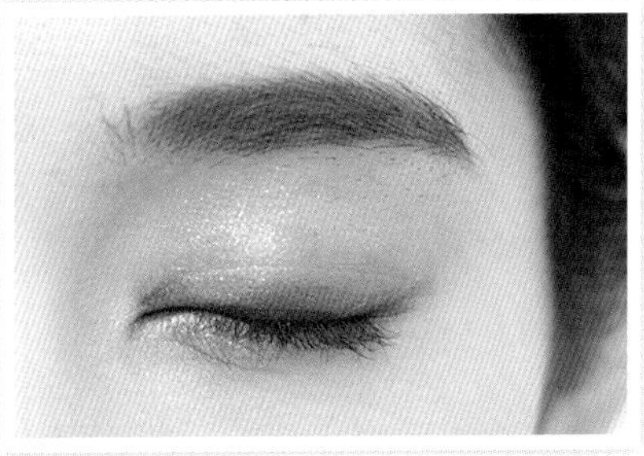

アイラインを描き足す幅は、目を開けた状態で鏡を見てチェックしよう。

黒目の上下を強調して目を丸く ―【マスカラ】

12

上まつ毛全体にさらっとマスカラを塗ったあと、中央だけ重ね塗り。根元に**ブラシをあてて、左右に動かしてから毛先まで伸ばすとボリュームが出る**。

13

＼黒目幅の上下だけ盛る／

下まつ毛も全体に塗る。**ブラシを縦にして塗ると短い毛もしっかり塗れる**。ここでも黒目幅の上下だけに重ね塗りして丸い目元を強調。

finish

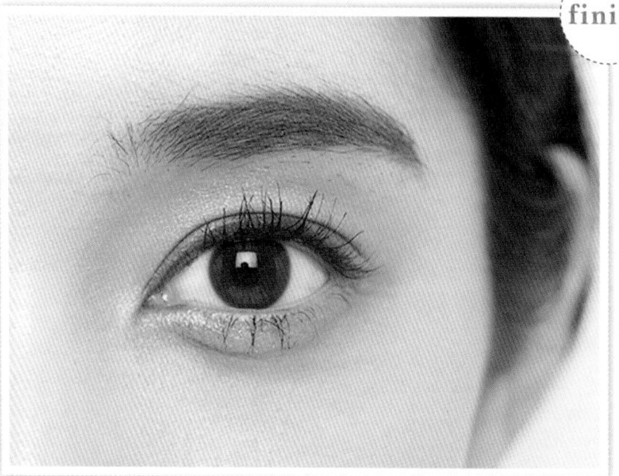

＼ 完成！ ／

USE

» P131 で紹介したアイテム

{ Type 1 キュート }

チーク

可愛いの極みは チークでつくる

start

finish

＼ 完成！ ／

1

＼ チークの起点を確認 ／

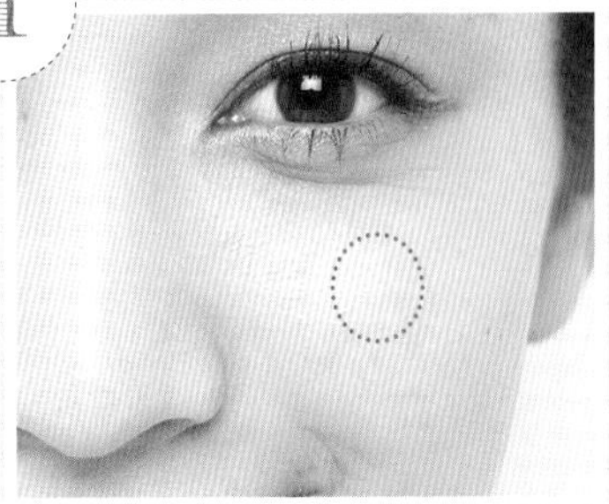

鏡を見てニコッと笑って、頬のいちばん高くなる部分を確かめる。そこをチークの起点に。

2

＼ 上気したような血色感を出す ／

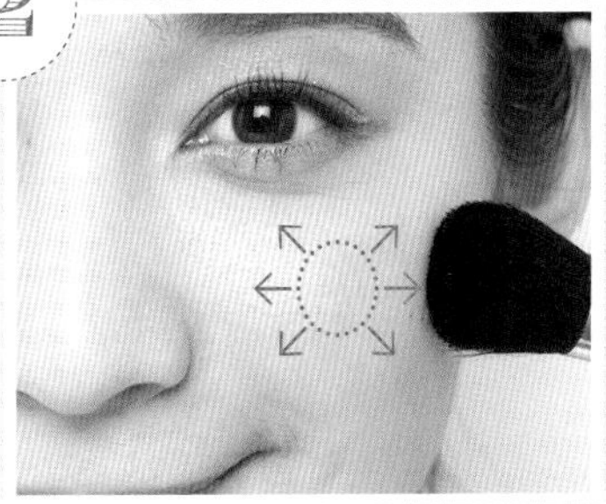

ブラシにたっぷりチークを含ませ、起点から軽いタッチで放射状にブラシを動かしていく。**コツは 97 ページ参照。**

USE

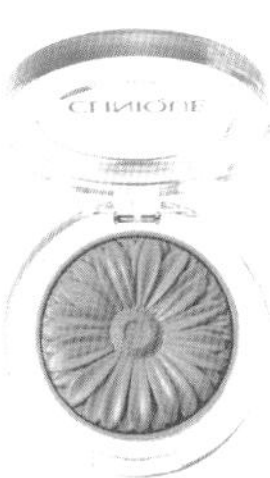

» P131 で紹介したアイテム

How to Makeup

リップ

透明感のあるシアーな色みが◎

start

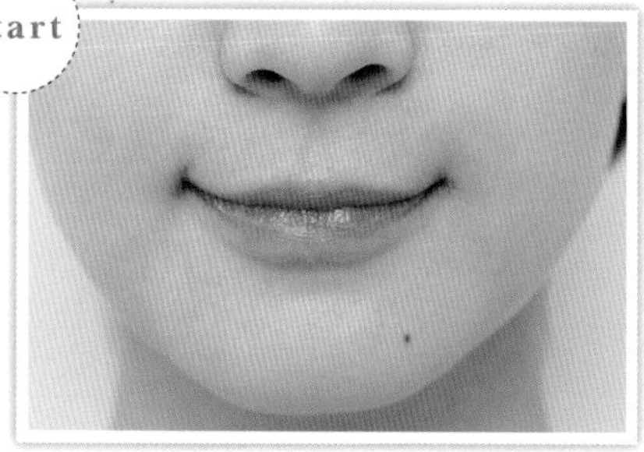

1

＼直塗りでラフに仕上げる／

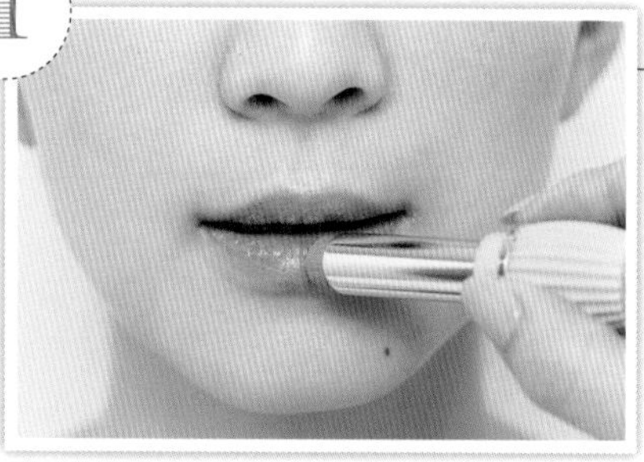

リップは直塗りする。輪郭はとらないことで抜け感を出す。**全体に色をのせたら中央だけポンポンと重ね塗り。**

USE

» P131で
紹介したアイテム

finish

＼完成！／

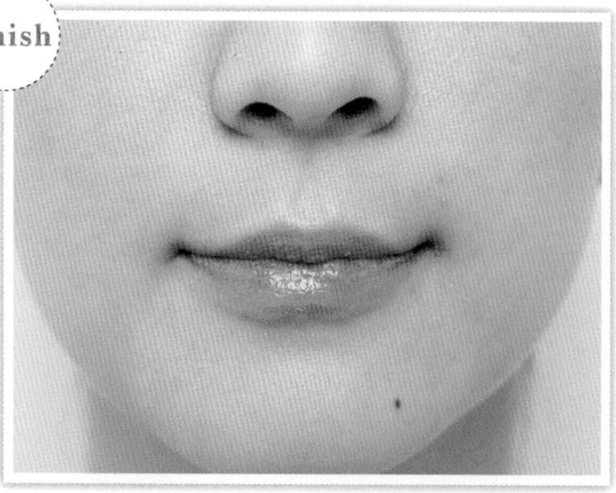

ハイライト&シェーディング

【エリアガイド】

シェーディング　ハイライト

“点” でツヤを足して輪郭は卵形に引き締める

1

＼面ではなく、点で置くとキレイに／

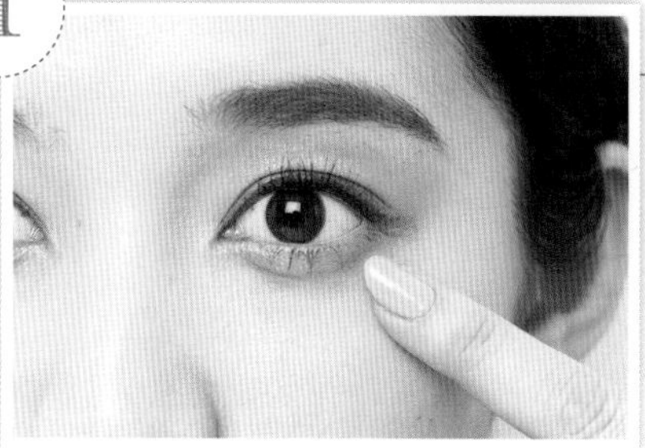

目元にツヤを集めるハイライトをオン。中指でハイライトをとり目尻の下に。**あまり広げすぎない**よう指先でポンポンとのせる。

USE

» P131 で
紹介したアイテム

2

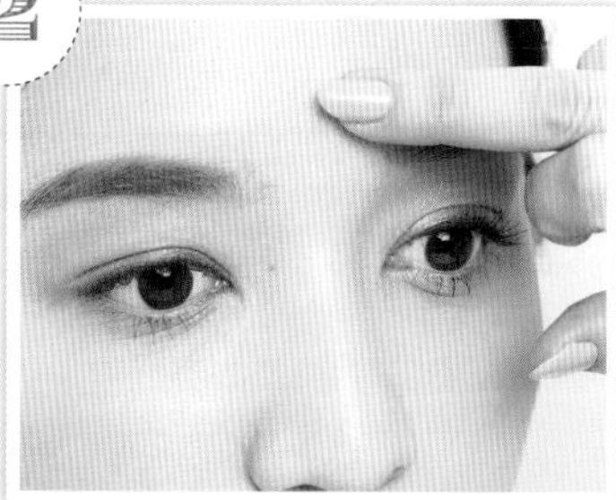

額にもハイライトをオン。**眉間幅くらいを目安**に、ポンポンとしながら丸く広げる。

USE

» P131 で
紹介したアイテム

3

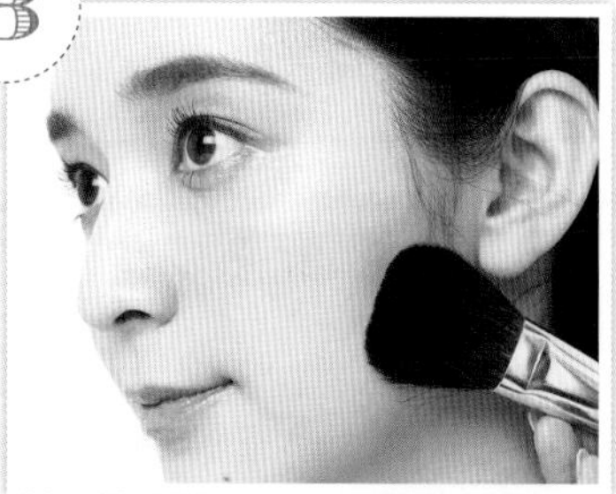

大きめのブラシにシェーディングをとり、髪の生え際、耳の手前～頬骨の下に向けていれる。**顔と首をつなぐイメージ**で外側にぼかし、自然な影をつくる。

ベーシック
メイク
完成！

“ピュアな可愛いらしさを引き立てる
ナチュラルメイクの完成

Type 2

ベーシックメイク

{フレッシュ}

Fresh

After

Before

“子供×直線が
魅力の「爽やかさ」を
存分にいかして”

ビフォーアフター

Eye 透明感のある明るいカラーでふわっと

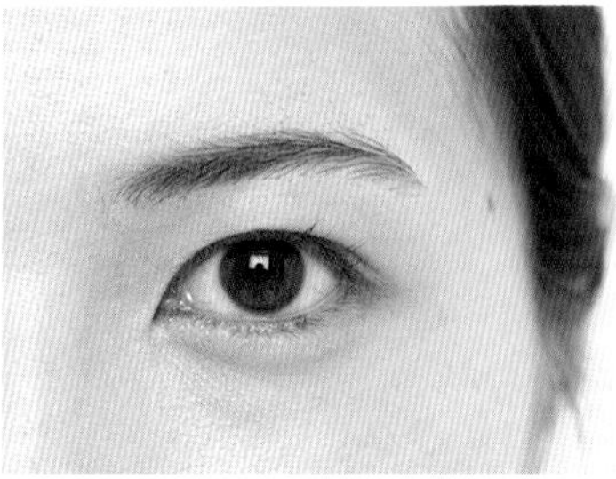

Cheek 自然な血色感を引き出して

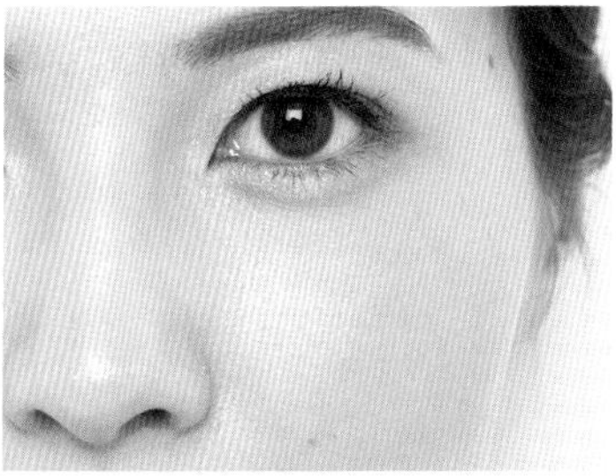

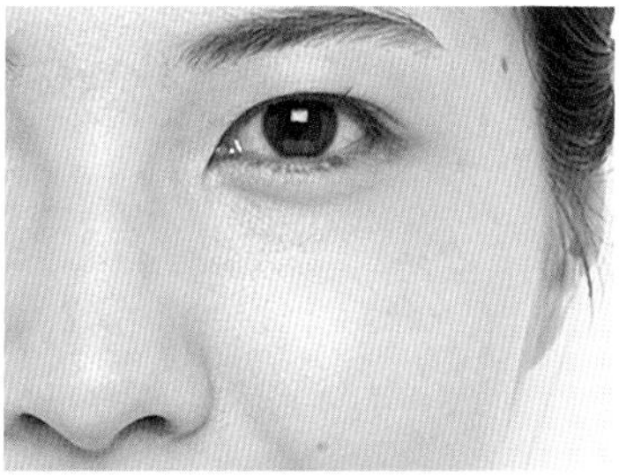

Lip にごりのない透明感のあるカラーを使用して

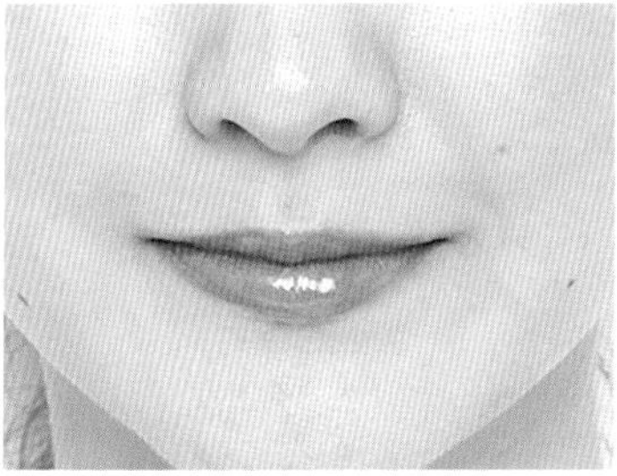

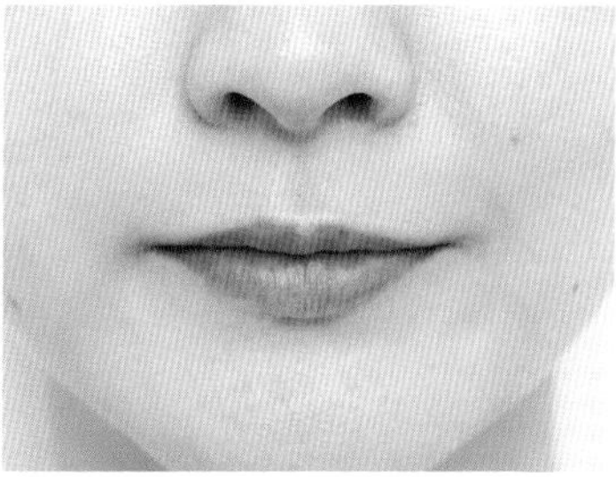

start

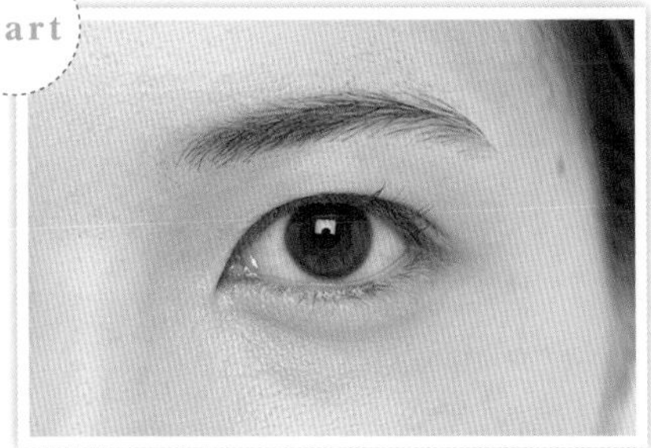

短めでふんわりまっすぐな眉に ——【アイブロウ】

1

＼明るいブラウンをつくる／

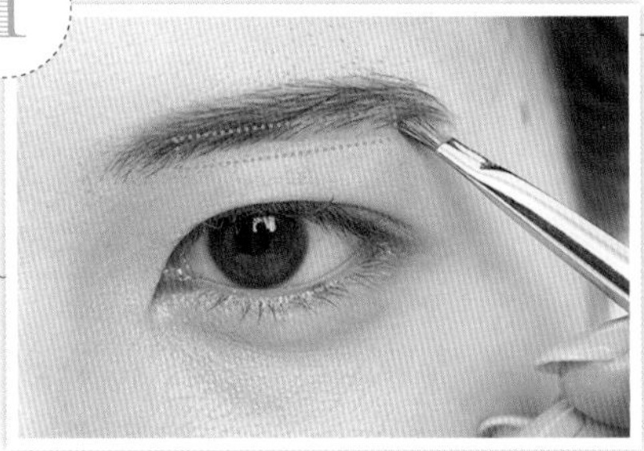

NG

あまり眉山の高い大人っぽい眉にしないこと。老けて見えるのでNG！

aのブラウンとbのオレンジ2色をブラシで混ぜておく。**眉下のラインを直線的に整えるイメージ**でブラシをすべらせる。

USE

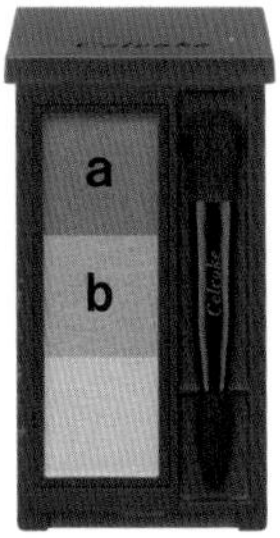

» P133 で
紹介したアイテム

2

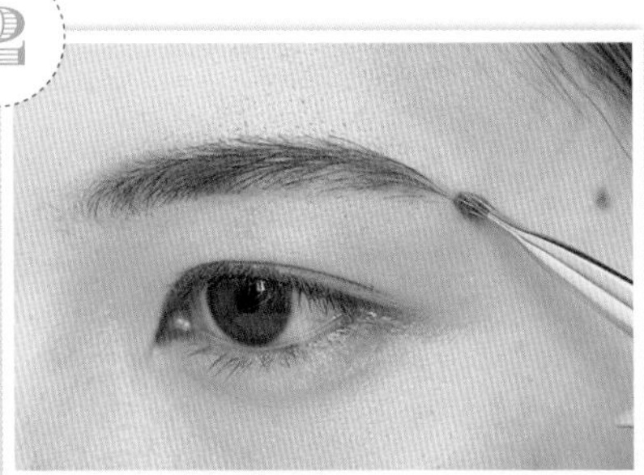

眉尻は細くしすぎず短めに仕上げる。

Type 2 フレッシュ

3 ＼眉上のすき間を埋める／

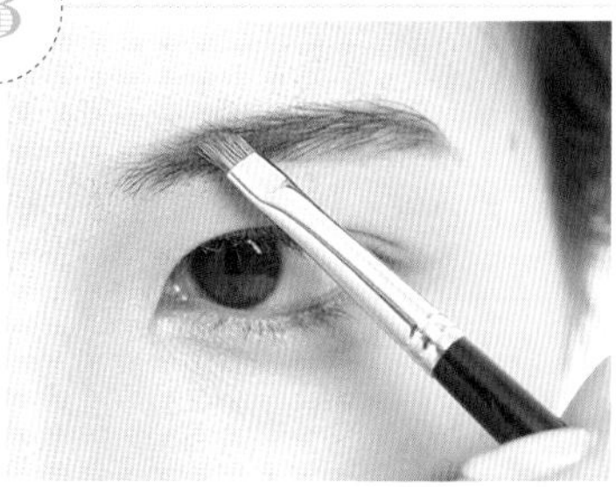

眉頭は避けて、**眉の毛が薄いところにふんわりとパウダーをオン**。眉頭にのせると不自然な“いかにも描いた眉”になるので NG。

4 ＼オレンジのパウダーで明るく／

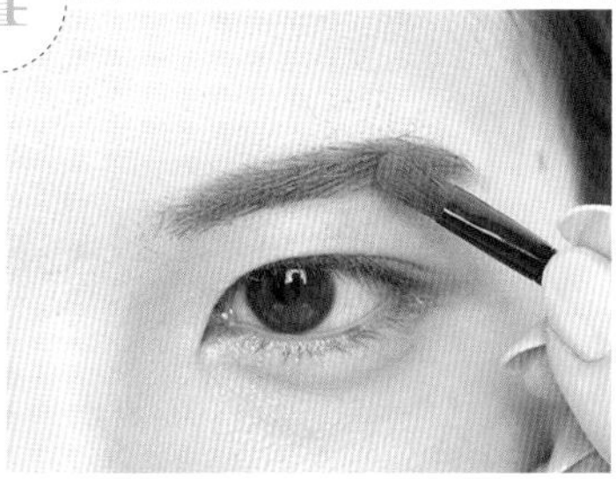

b のオレンジを眉全体に重ねる。オレンジを使って明るく垢抜けた印象に。

5 ＼眉マスカラで毛流れをつくる／

眉マスカラを全体に重ねてワントーン明るく。毛流れを意識して**毛先にふわっと軽く絡ませる**ように仕上げる。

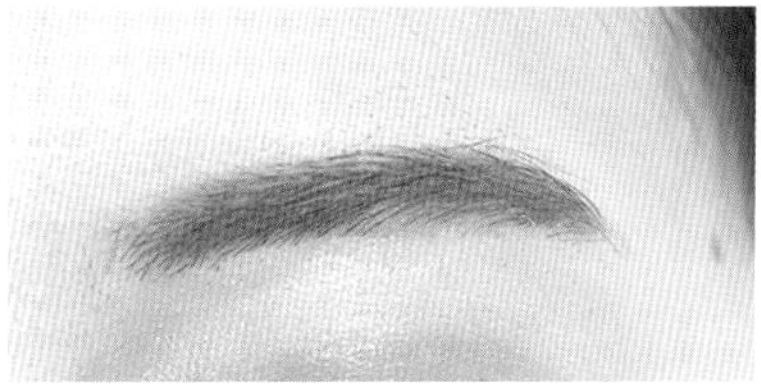

USE

» P133 で紹介したアイテム

透け感シャドウで爽やかな目元をいかして ――【アイシャドウ】

6

USE

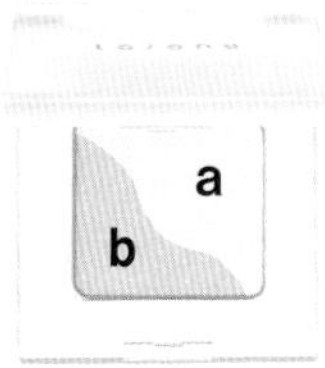

aのミントグリーンをブラシにとって、まぶた全体に広くのせる。

» P133で
紹介したアイテム

＼透け感シャドウのW使い／

7

bのピンクベージュを細めのブラシにとって、目のキワからアイホールまで重ねる。目の丸みを引き立てるように、アイホールにそって楕円形にのせていく。

8

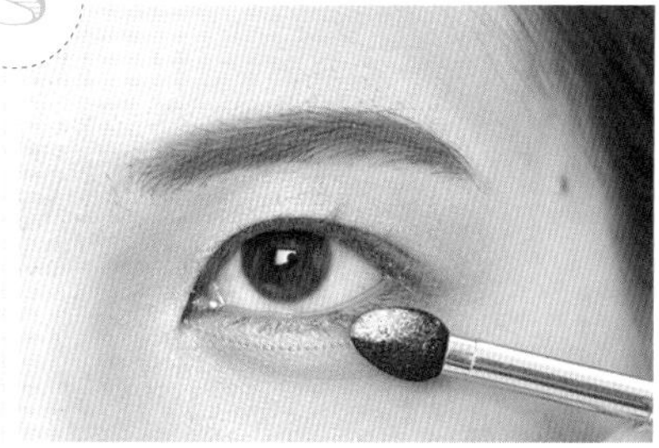

チップを使い、下まぶたのキワ全体に⑥と同じａを塗って涙袋を演出。

\ ブラウン効果で目元くっきり /

9

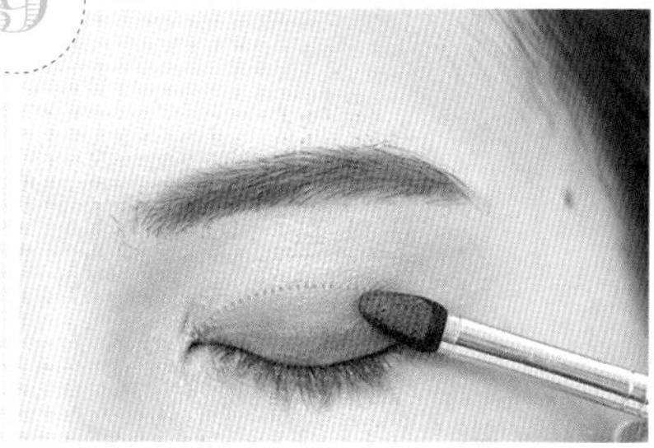

上まぶたのキワにブラウンを半月にいれてキュッと引き締める。**目を開けたときにブラウンが見える範囲までしっかり色づけばOK**。

USE

» P133 で紹介したアイテム

目を閉じると…

目を開けると…

細いラインでさりげなく強調――【アイライン】

＼まつ毛を濃く見せるひと仕込み／

10

ジェルアイライナーで上まぶたのキワ全体に細くラインをいれる。**まつ毛のすき間を埋めるように**丁寧に。

NG

アイライナーは黒だと目がキツく見えてしまうのでNG！ナチュラルに強調できるブラウンが◎。

USE

» P133 で
紹介したアイテム

目を閉じると…

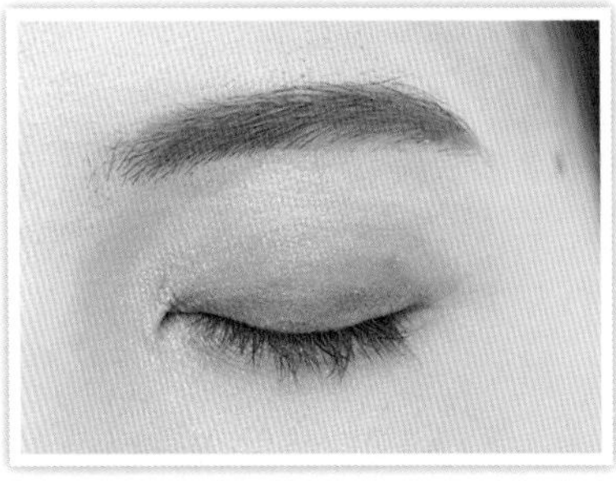

目を開けると…

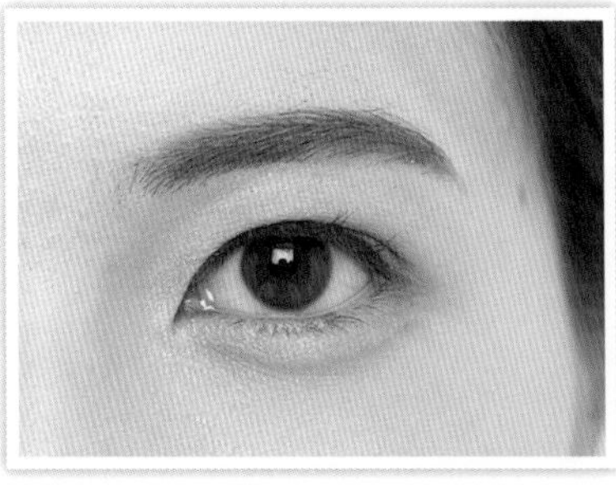

カールを支える マスカラ下地が必須 【マスカラ】

11

＼上向きまつ毛を手にいれるひと手間／

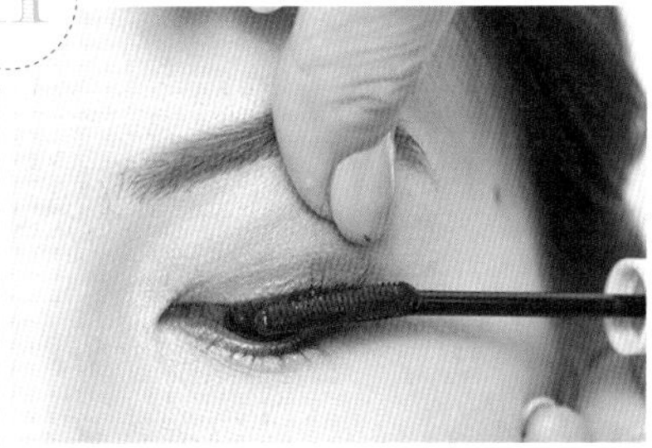

フレッシュタイプはカールが落ちやすい目の形の人が多いので、**マスカラの前にカールをキープしてくれるマスカラ下地が必須**。全体にさらっとひと塗り。よく乾かしてからマスカラへ。

USE

» P134で
紹介したアイテム

12

＼上まつ毛の根本からスーッとひと塗り／

マスカラはセパレートタイプがおすすめ。まつ毛が**マスカラ液の重みで落ちてこないよう上まつ毛の根本から毛先まで、軽くすべらせる**ように塗るのがコツ。

USE

» P134で
紹介したアイテム

13

下まつ毛も全体に塗る。ボリュームを出すというより、**まつ毛１本１本をなぞる**ように。

finish

目を閉じると…

＼まつ毛が倍増したような目元／

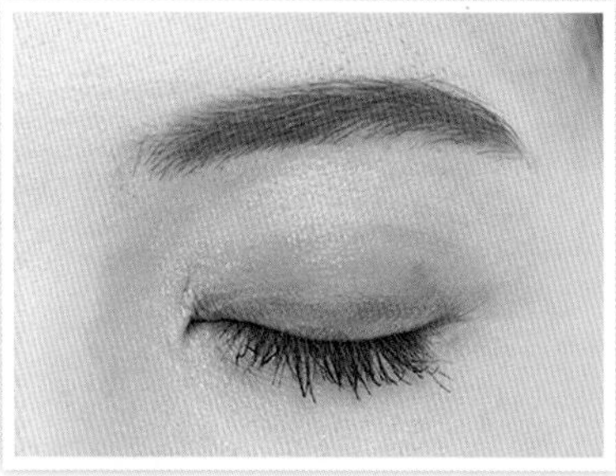

目を開けると…

＼ナチュラルなパッチリ感／

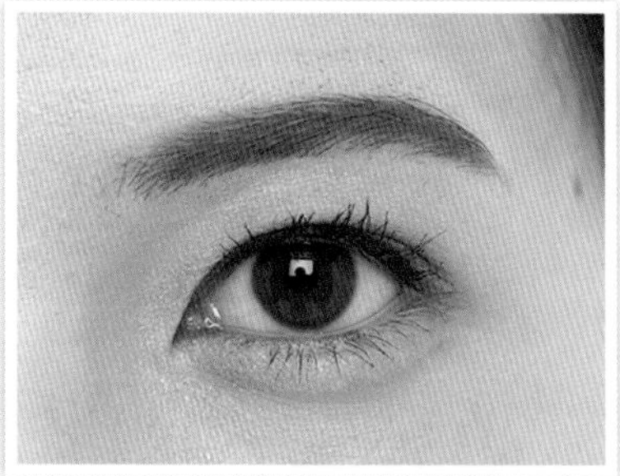

＼ 完成！ ／

自然な血色感で
ヘルシーに

start

1

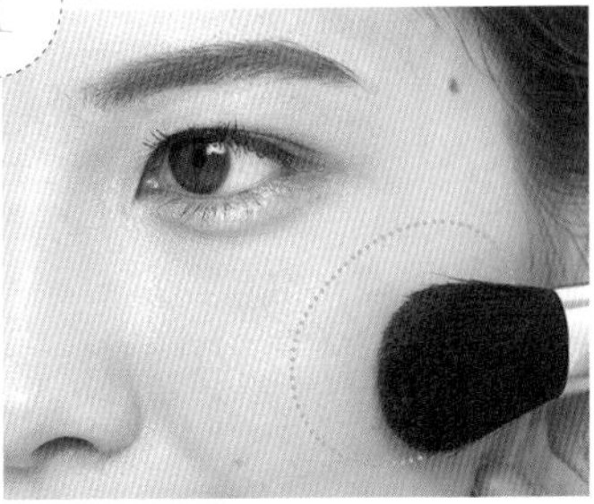

自然な血色感が出るくらいの色を選んで。頬の高いところからブラシを放射状に動かしながら**広めにオン**。

USE

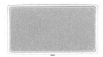

» P134 で
紹介したアイテム

＼薄づきの自然な血色感が◎／

finish

＼完成！／

リップ

直塗りでカジュアルに仕上げる

start

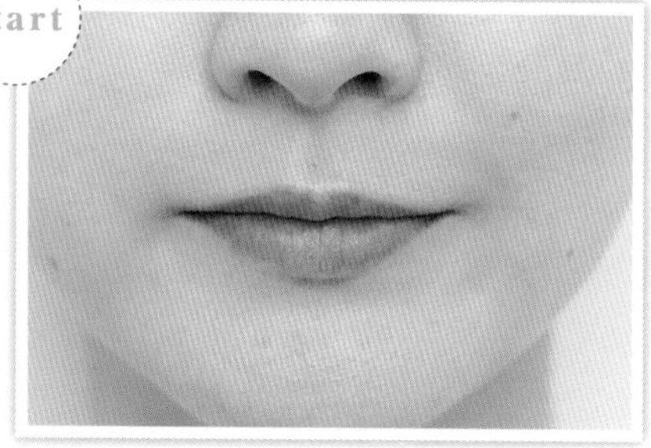

1

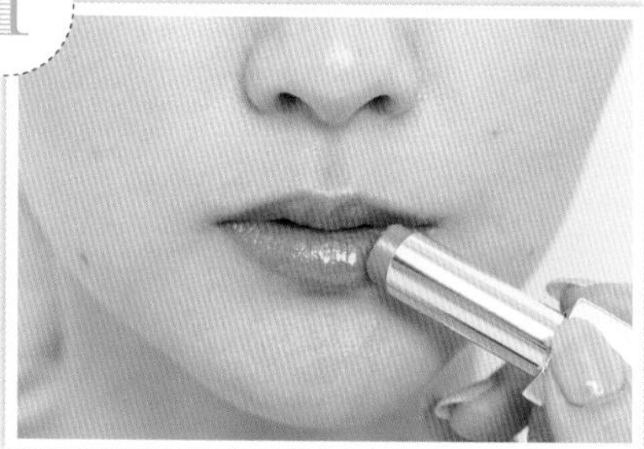

リップは直塗りする。輪郭はとらないことで抜け感を出す。

USE

» P134 で
紹介したアイテム

finish

＼ 完成！ ／

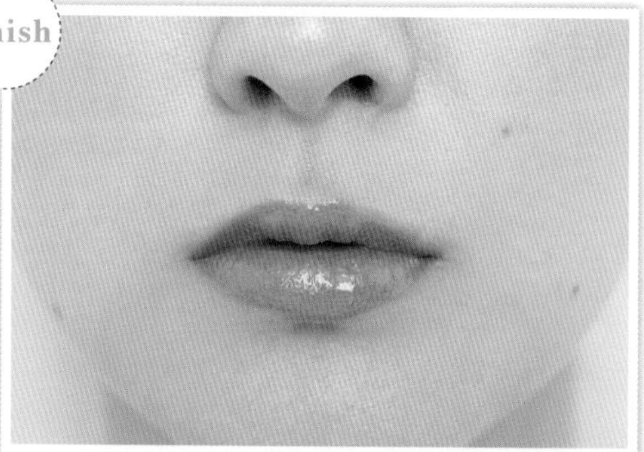

【エリアガイド】

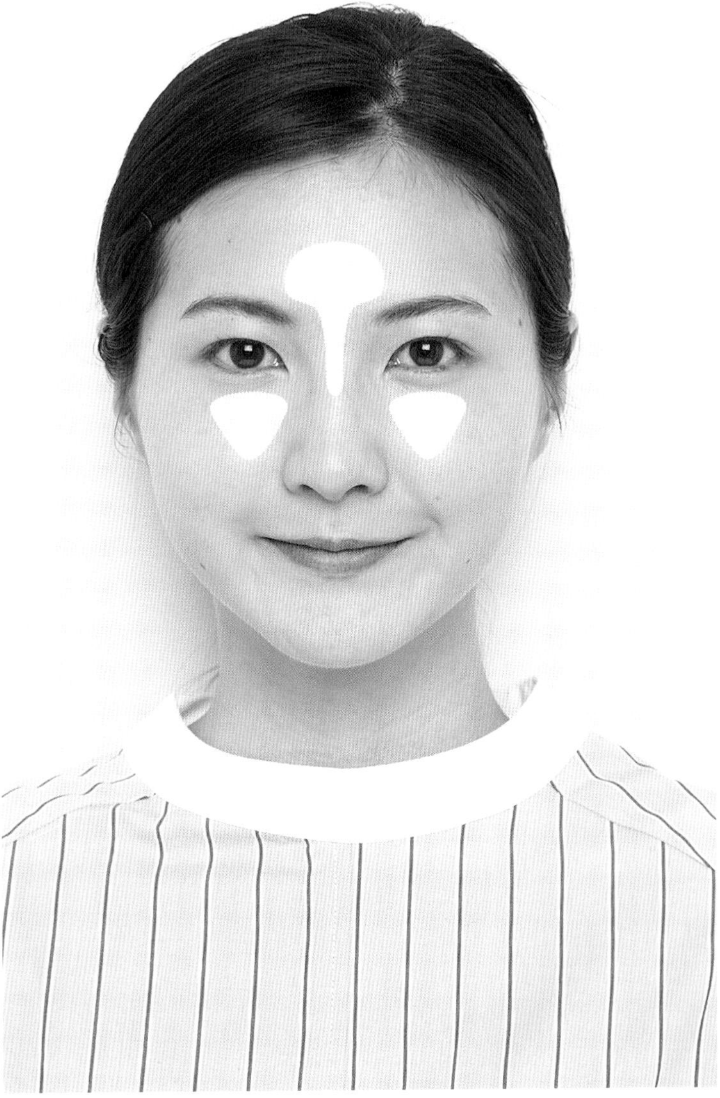

ハイライト

Type 2 フレッシュ

ハイライト

顔の中心にツヤを集めてはつらつと！

NG

マットな肌は老けて見えるのでNG！自然なツヤ感が◎。ファンデーションを選ぶときにも意識して。

1

aのハイライトを指にとり、Tゾーンと目の下にオン。**顔の中心をパッと明るくしてヘルシーなイメージを強調。**

USE

» P134で紹介したアイテム

ベーシックメイク完成！

“爽やかさと清潔感を
引き立てる
シンプルメイクの完成”

Type 3

ベーシックメイク

フェミニン

Feminine

After

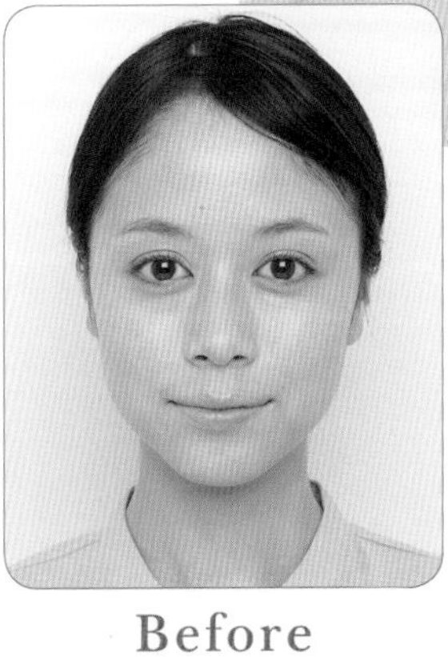

Before

“大人×曲線が
魅力の「女性らしさ」を
存分にいかして”

ビフォーアフター

Eye　目と眉の曲線をリンクさせる

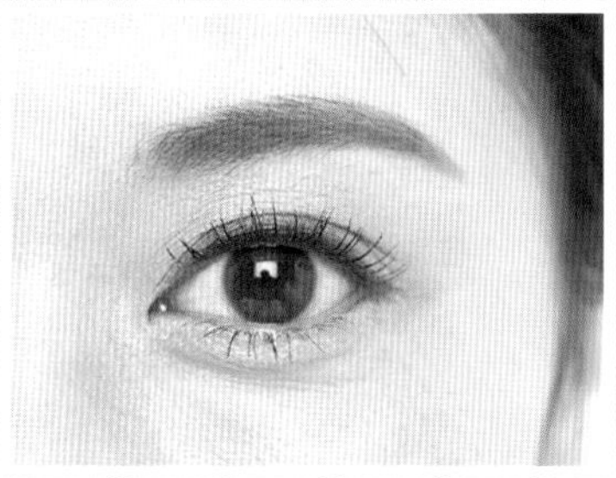

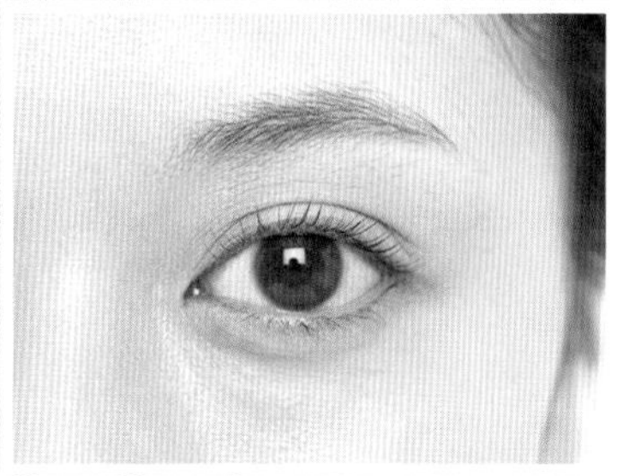

Cheek　頬骨にそって楕円形に

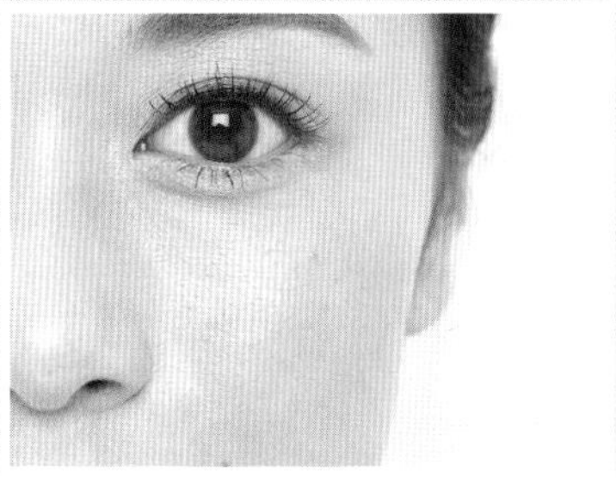

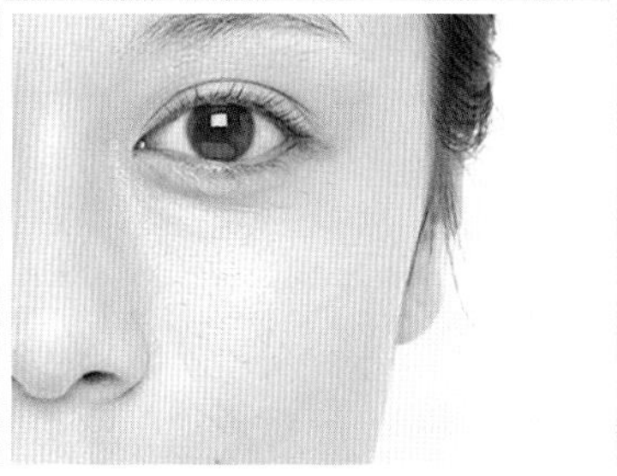

Lip　ナチュラルな肌なじみのいいカラーを使用して

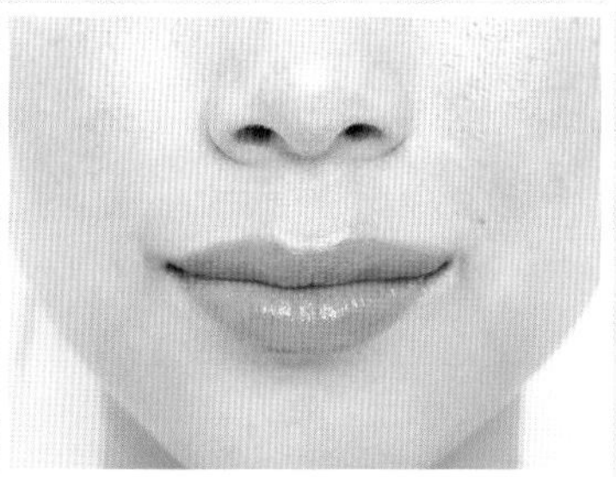

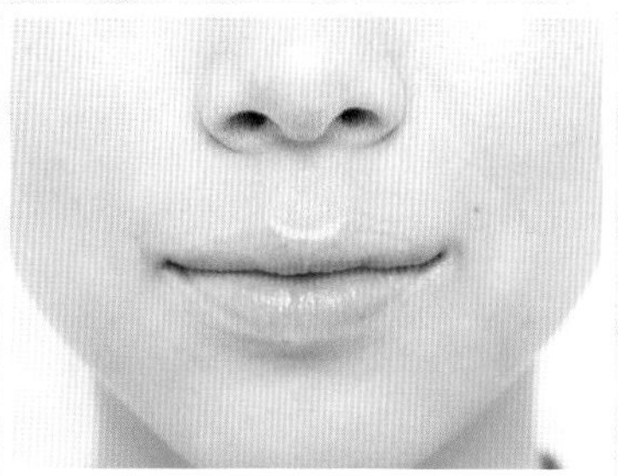

アイメイク

start

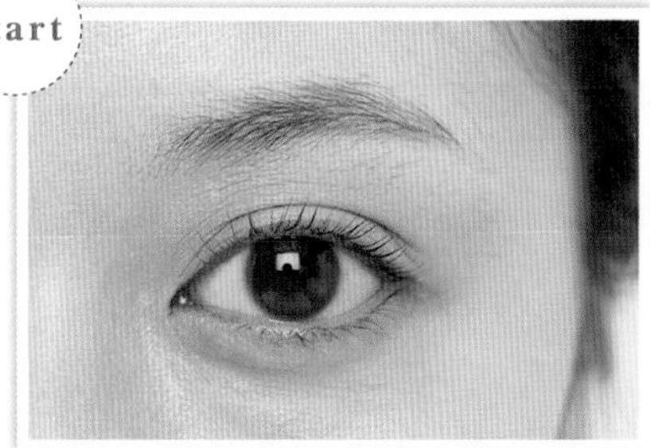

長めで曲線的なアーチ眉に ――――【アイブロウ】

＼眉尻をきちんと描き足す／

1

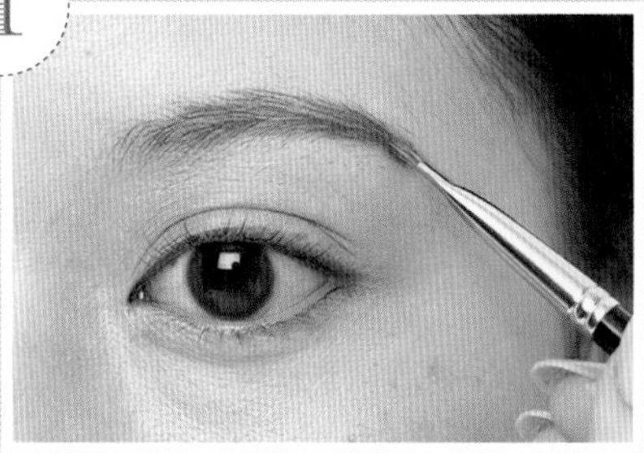

aの赤みブラウンをブラシにとり、眉山から眉尻を描き足す。**目と眉の曲線がリンクするように整える**のがポイント。

USE

» P136 で
紹介したアイテム

2

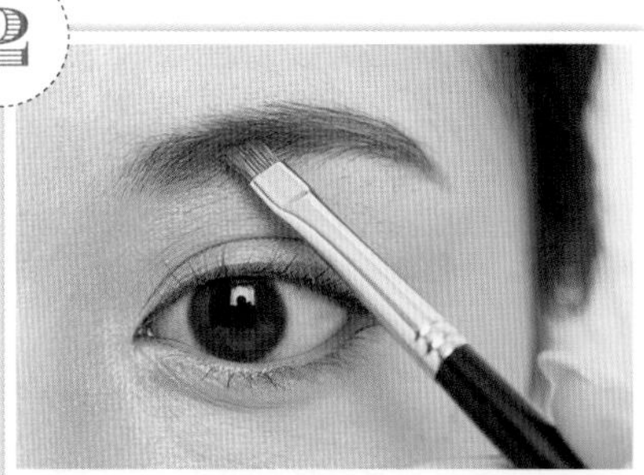

パウダーで眉の薄い部分を足していく。眉が濃く生えているところは色をのせない。特に眉頭は濃くならないように注意。

Type 3 フェミニン

3

\ 眉全体のすき間を埋める /

USE

» P136で
紹介したアイテム

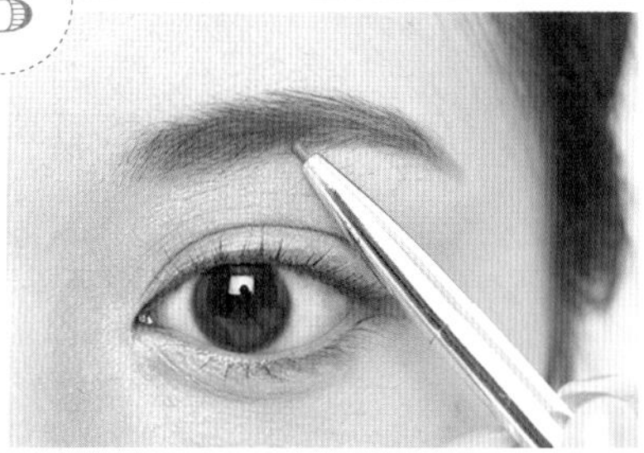

アイブロウペンシルを使って**眉下のラインと眉尻をキレイに整える**。このとき毛の薄い部分も描き足す。

4

USE

» P136で
紹介したアイテム

眉マスカラを全体に重ねる。毛をとかすようにして毛流れを整えながら、全体をカラーリングするイメージで。

\ 目と眉の曲線がリンクして美人度アップ /

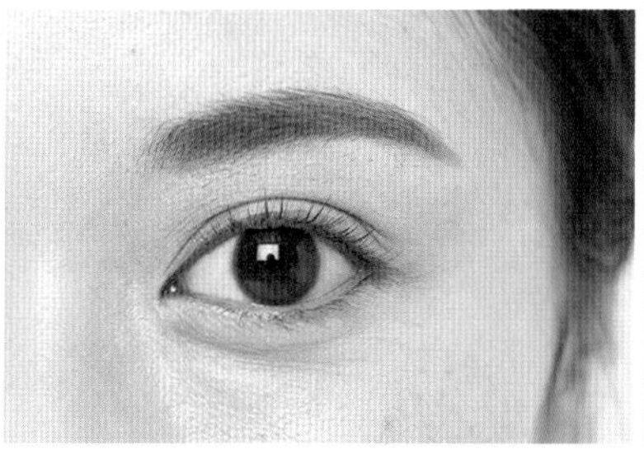

目の丸さを強調するグラデーションメイクに ――【アイシャドウ】

5

aのペールピンク3色をブラシで混ぜておく。**中央にのせてから目頭側、目尻側に広げてグラデーションに。**

6

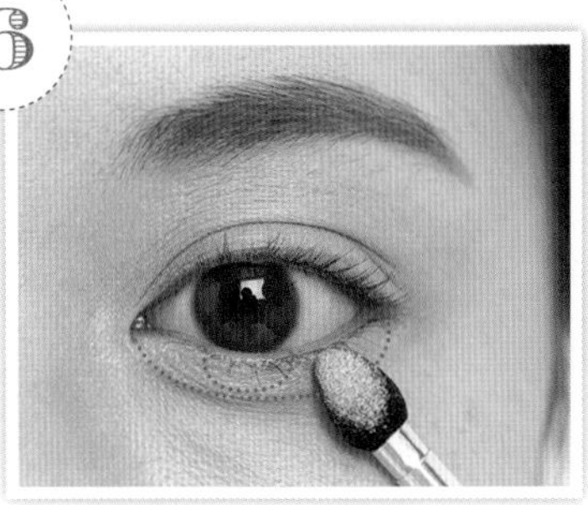

チップに⑤と同じaをとり、下まぶたにもオン。**黒目下をいちばん濃くつけて涙袋をぷっくり**仕上げる。

USE

» P136 で紹介したアイテム

7

少し細めのブラシにbのピンクをとり、目のキワからアイホールまで薄く重ねる。

NG

濃いブラウンは圧が強い印象になるのでNG！　赤みブラウン系ならOK。女性らしい目元をいかすような色みを選んで。

8

＼ベージュで目元に深みを出す／

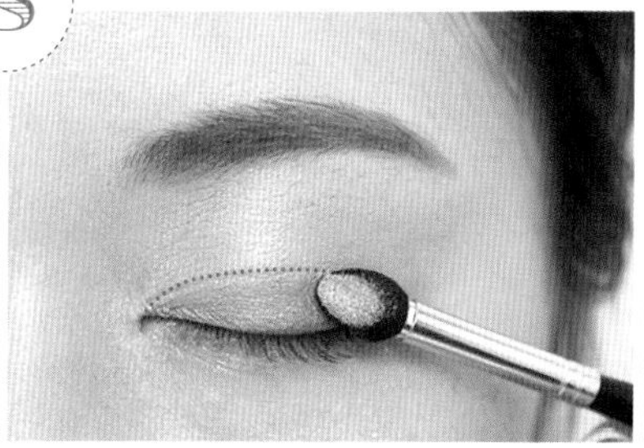

チップにｃのベージュをとり、二重幅の範囲かそれより少し広めに目頭から目尻までのせる。

9

＼ブラウンでキュッと引き締める／

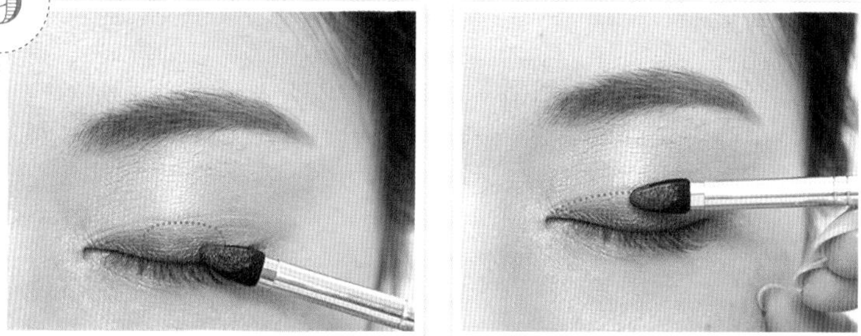

⑧よりもさらに細いチップにｄのブラウン３色を混ぜてとり、目のキワにいれる。**目頭から目尻までのせたあと、黒目上だけ軽くぼかしてなじませる。**

極細ラインで さりげなく強調 【アイライン】

10

優しく自然に見えるブラウンのリキッドライナーを使用。目頭から目尻まで、**まつ毛のすき間を埋めるように**スッとラインをいれる。

USE

» P136 で紹介したアイテム

1本1本をはっきりと 美しく広げて 【マスカラ】

＼扇形に広げて目力アップ／

11

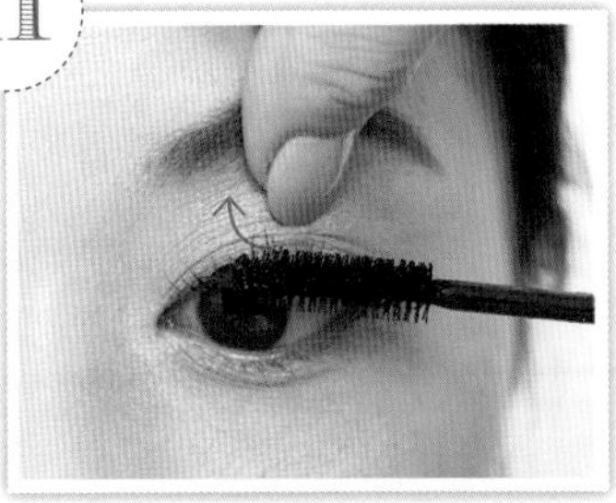

中央は前方に、目尻側はこめかみの方向に、目頭側は鼻の方向に、3パーツに区切って上まつ毛を塗り分ける。目頭側の短いまつ毛はマスカラを縦にして繊細に、丁寧に塗る。

USE

» P137 で紹介したアイテム

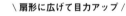

＼狙うのは下まつ毛の黒目幅／

12

下まつ毛は黒目幅だけに塗って黒目を大きく丸く見せる。ここでもマスカラを縦に使うと短いまつ毛にもしっかり塗れる。

finish

目を閉じると…

目を開けると…

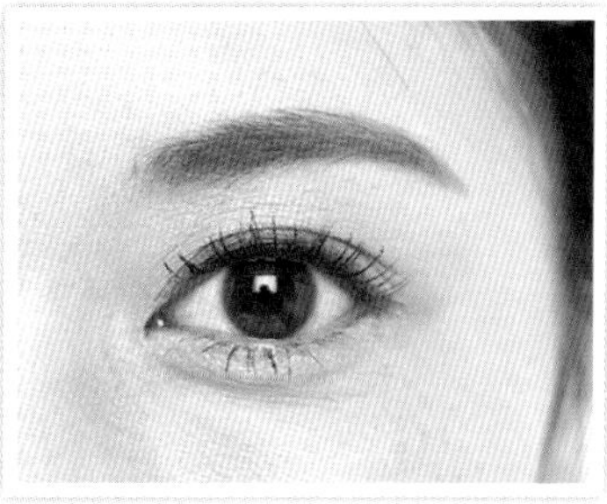

＼ 完成！ ／

How to Makeup

チーク

斜めの楕円形で
大人っぽく

start

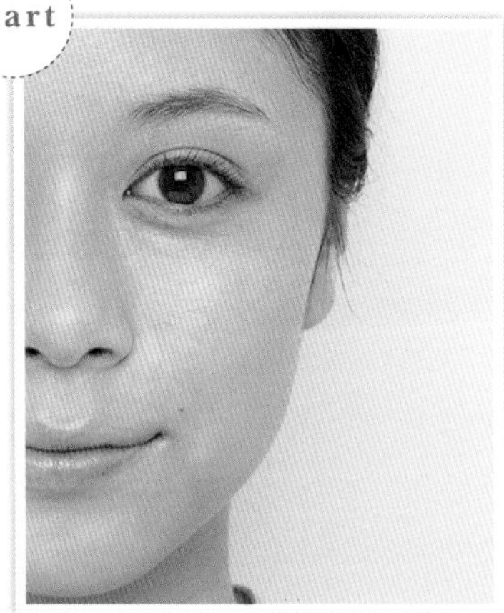

1

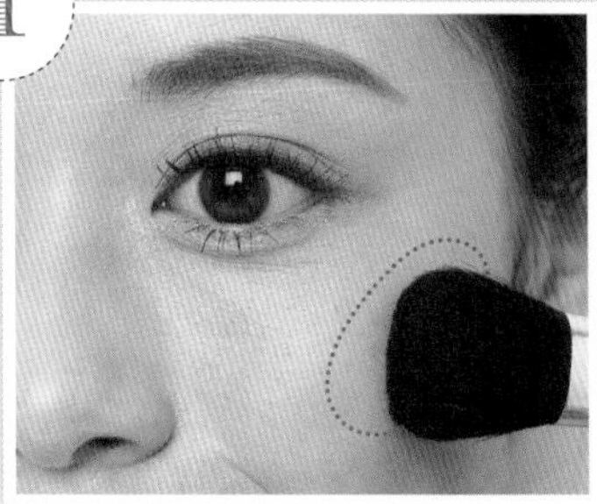

ブラシにチークをとり、頬骨にそって丸みを引き出すようなイメージで広げる。**ローズ系の女性らしく華やかな色みがおすすめ。**

USE

» P137 で
紹介したアイテム

finish

\ 顔色がトーンアップ！ /

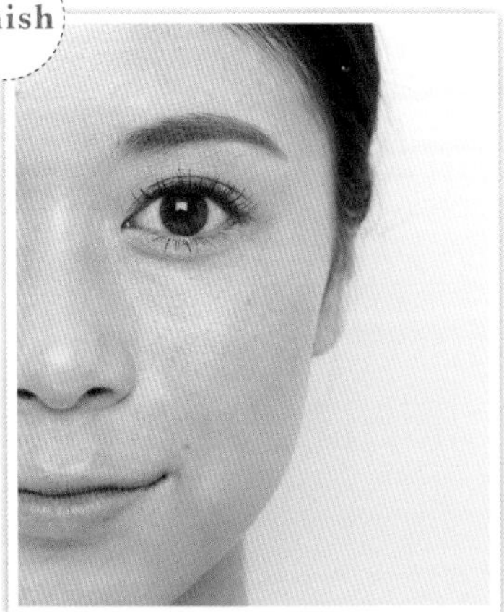

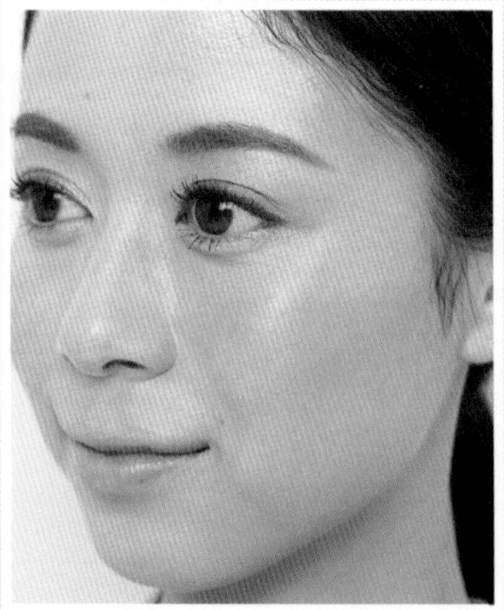

\ 完成！ /

丸みのある リップラインがカギ

start

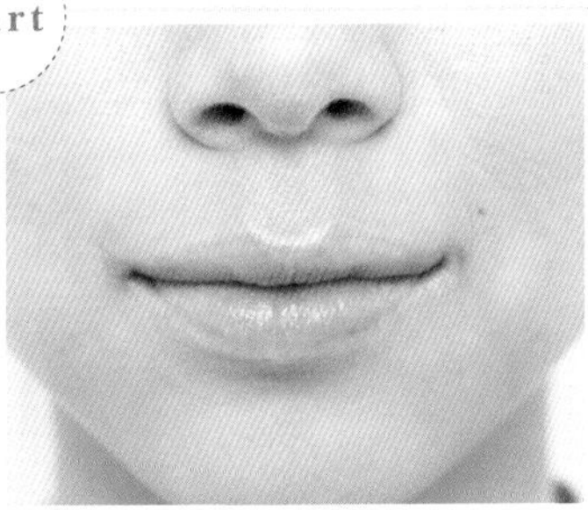

finish

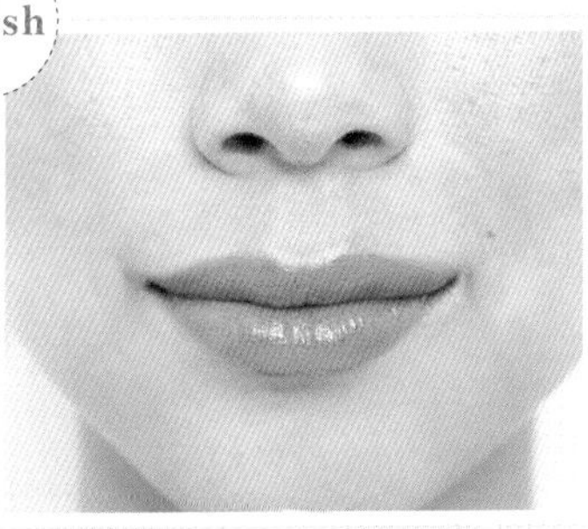

＼ 完成！ ／

1 ＼丸みを意識して塗る／

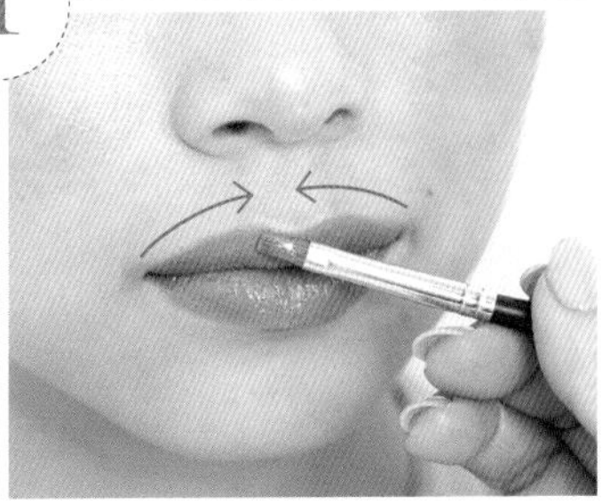

リップをブラシにしっかりとり、口角から唇の山に向かって塗る。**もとの唇の輪郭よりも丸みを出しながら塗る**のがポイント。

2 ＼しっかり色をのせる／

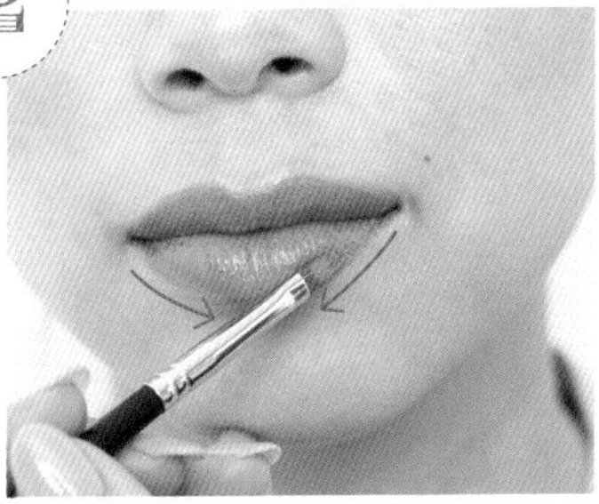

下唇も同じように、口角から中央に向かって丸みのある輪郭に整えながら塗る。ぽってりした唇が◎。

USE

» P137 で紹介したアイテム

How to Makeup

ハイライト

【エリアガイド】

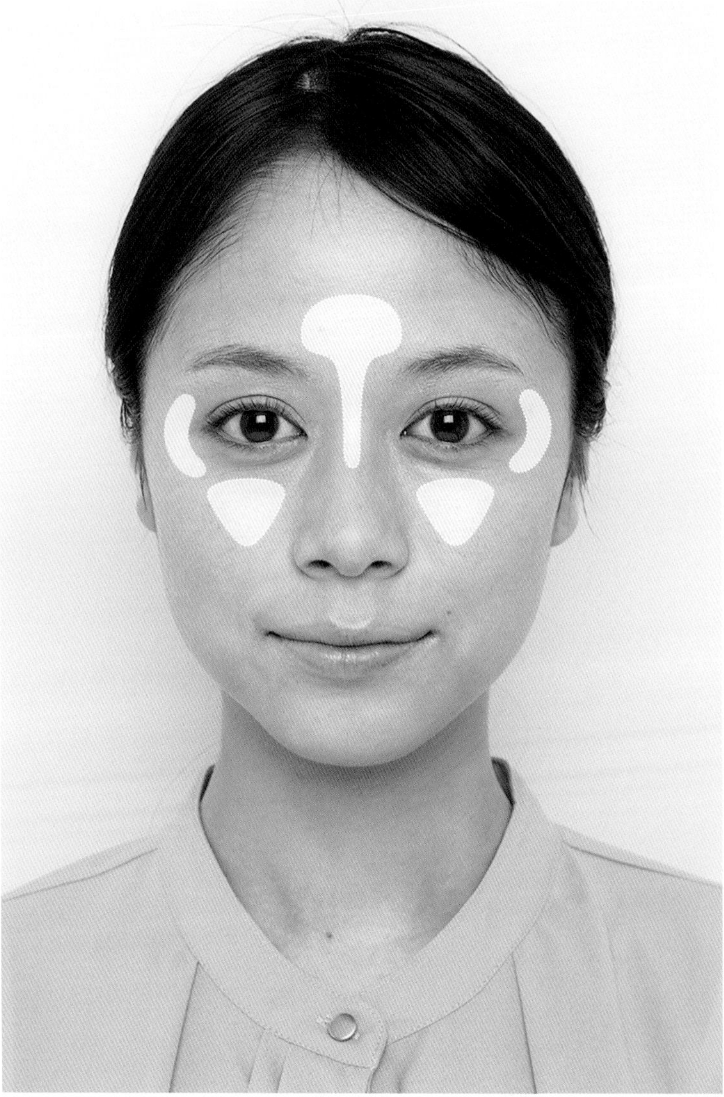

ハイライト

内側から発光するようなツヤを演出

1

USE

エリアガイドの５箇所に指でポンポンとのせる。**広範囲につけすぎると顔の丸みが強調されるので注意！**

» P137 で紹介したアイテム

ベーシックメイク完成！

“上品な色使いで
控えめな
華やかさを演出”

Q 目の下の青グマをカバーできる、コンシーラーの使い方が知りたい！

A オレンジのコンシーラーがおすすめ。ベージュのコンシーラーを使うと、かえって青グマが目立ちます。青グマかどうかわからないときは、まずはベージュのコンシーラーをつけてみましょう。青さやグレーが浮き出てきたら、オレンジのコンシーラーが必要です。

［ワンポイント］
いきなりコンシーラーを塗らない！
鏡をよく見て、青グマになっているところにだけのせるのがコツ。

1

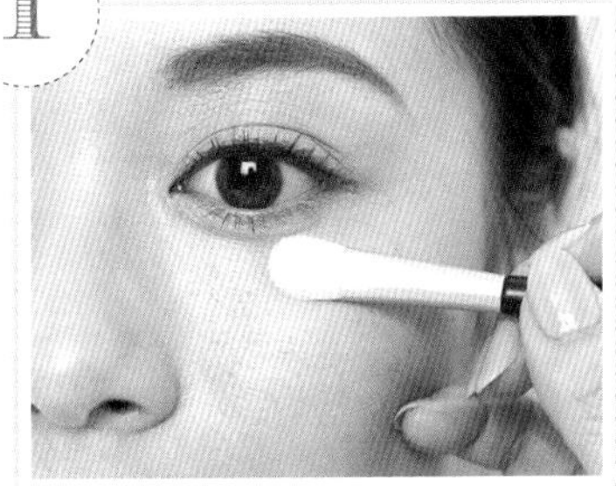

太めのブラシでオレンジのコンシーラーをつけるとナチュラルな仕上がりに。

2

上まぶたもくすんでいる場合は、アイホールにそってブラシで薄めにつける。そのあと①、②でのせた同じ場所に、ベージュのコンシーラーを重ねるとより自然な肌色に。

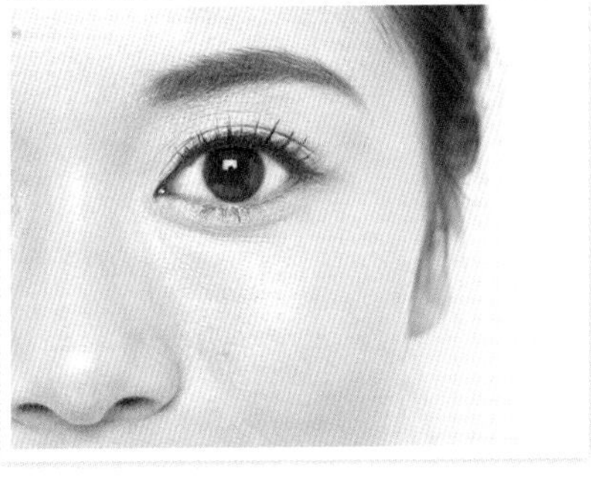

＼ 完成！ ／

Type 4

ベーシックメイク
クール
Cool

After

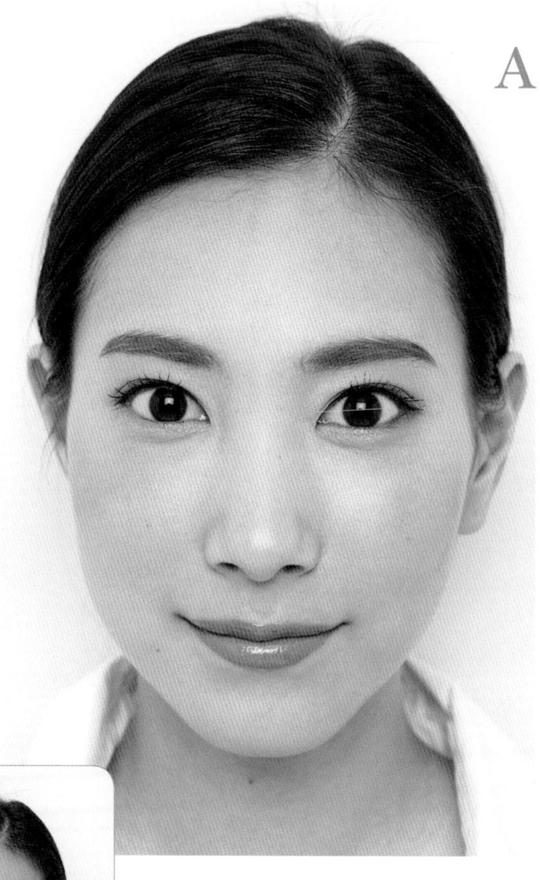

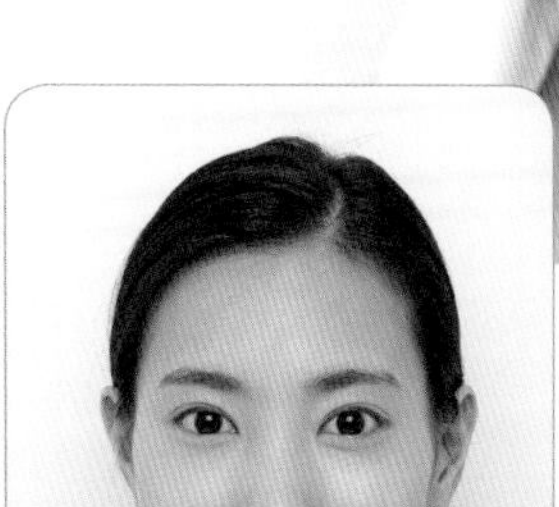

Before

“大人×直線が
魅力の「美人感」を
存分にいかして”

Eye 直線の美しさを引き出す

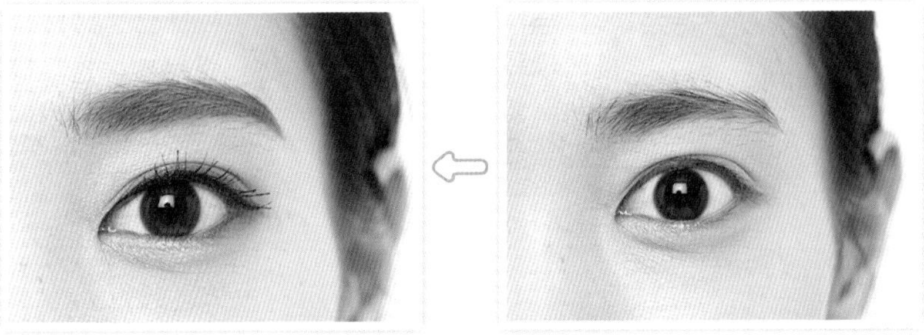

Cheek 頬骨にそって楕円形に

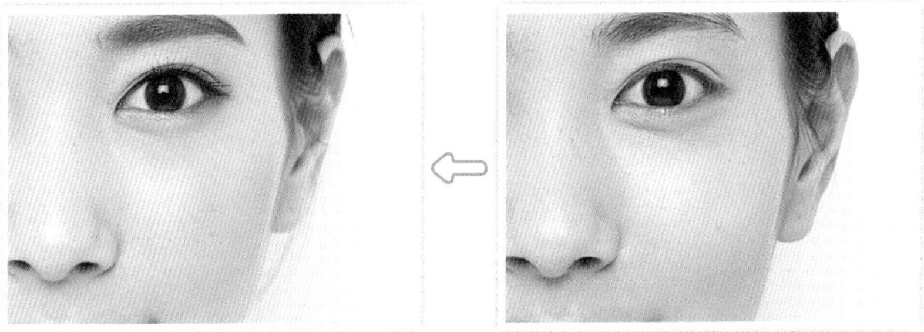

Lip スタイリッシュに仕上がるカラーを使用して

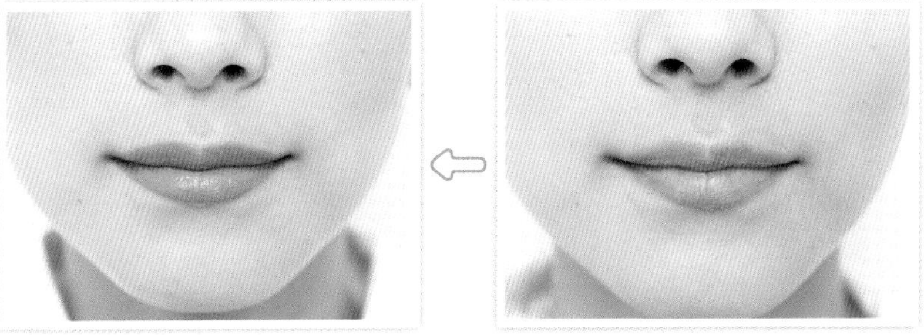

start

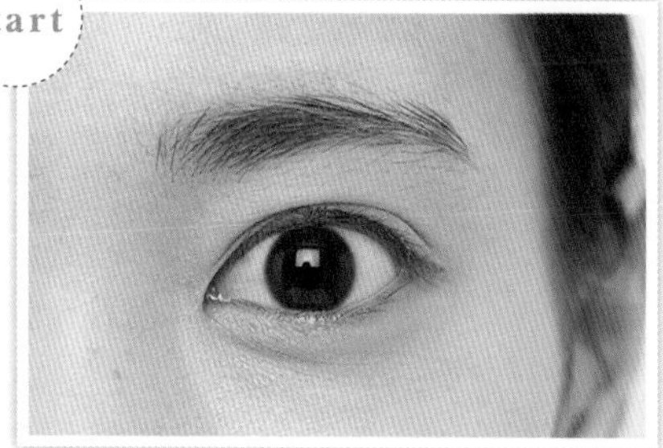

長めで直線的なキリッと眉に ――――【アイブロウ】

1

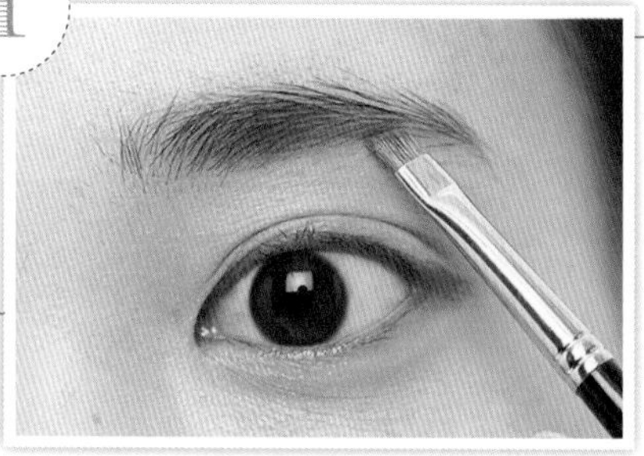

aのブラウンをブラシにとり、眉下のラインを直線的に整える。**切れ長の目に合わせて、直線的な形に**するのがポイント。

NG

極度に丸い形の眉は目の形に合わないのでNG！

USE

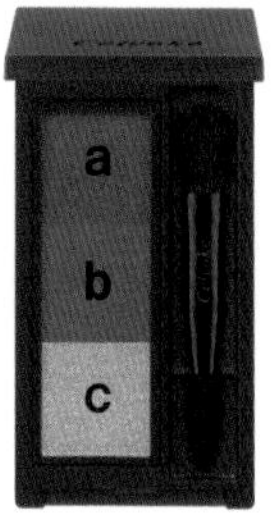

» P139 で
紹介したアイテム

2

＼眉尻をきちんと描き足す／

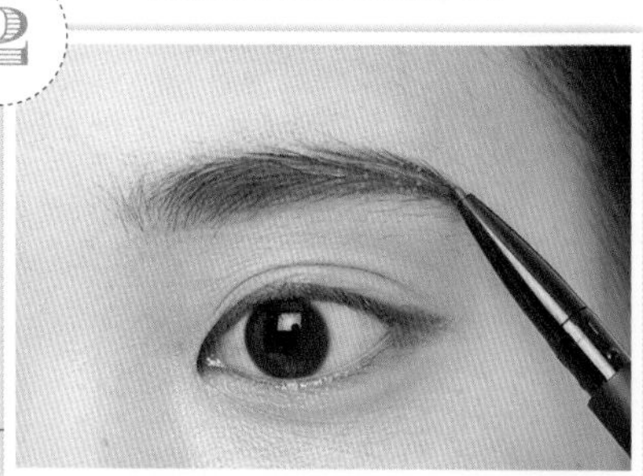

ペンシルで眉山から眉尻を描く。毛が薄い部分も描き足して。**先端がシャープになるように意識する**と美人度アップ。

USE

» P139 で
紹介したアイテム

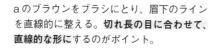

3 \ 眉マスカラで全体のトーンを明るく /

USE

» P139 で
紹介したアイテム

眉毛の裏側にもマスカラ液をしっかり絡ませなじませる。最後はブラシでとかすように毛流れをキレイに整えて。

4 \ パウダーでニュアンスをプラス /

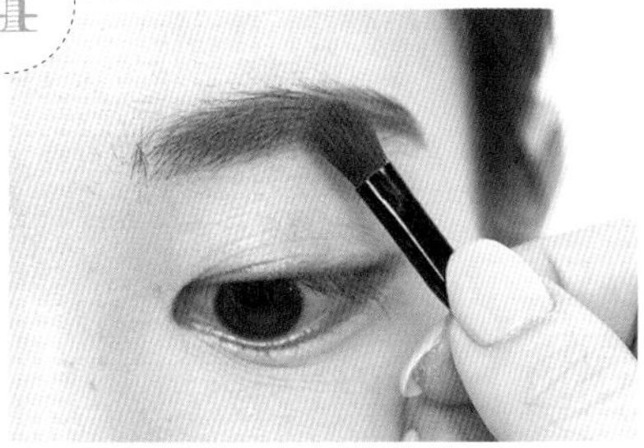

仕上げにｂのパープルブラウンとｃのベージュの２色を混ぜてブラシにとり、ふわっとのせるようにオン。

⇩

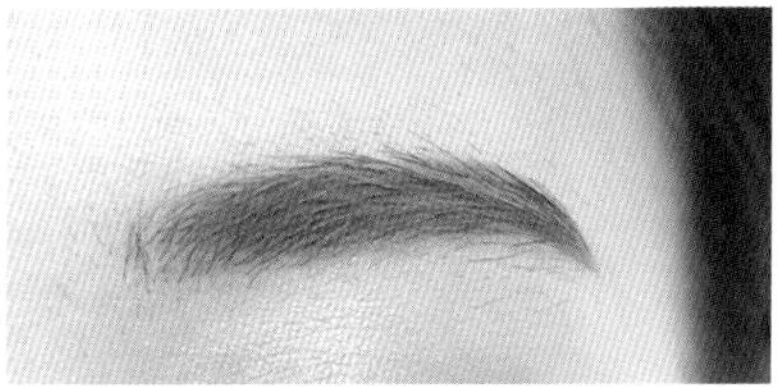

目尻側を強調するグラデーションメイクに【アイシャドウ&アイライナー】

5

aのベージュをブラシにとり、まぶた全体にのせる。中央にのせてから、目頭側、目尻側に広げる。

USE

» P139で紹介したアイテム

＼彫りの深い目元をつくる／

6

bのキャメルを細めのブラシにとり、アイホールのくぼみにそってひとはけ。**目元の立体感を引き出すように影をつける。**

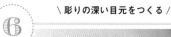

7

\ 目尻側をグラデーションで強調 /

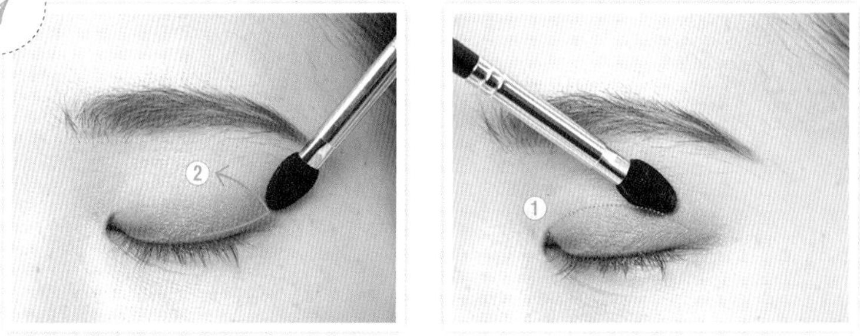

cのブラウンを太めのチップにとり、目頭から目尻まで目のキワ全体にのせる。さらに目尻からアイホールのくぼみにそってオン。**目尻側をV字型にするのがコツ。**

8

\ 隠しシャドウを仕込む /

極細のブラシにdの濃いブラウンをとり、目のキワにアイラインを引くようにのせる。色を見せるというよりも、**まつ毛のすき間を埋める**イメージで。

9

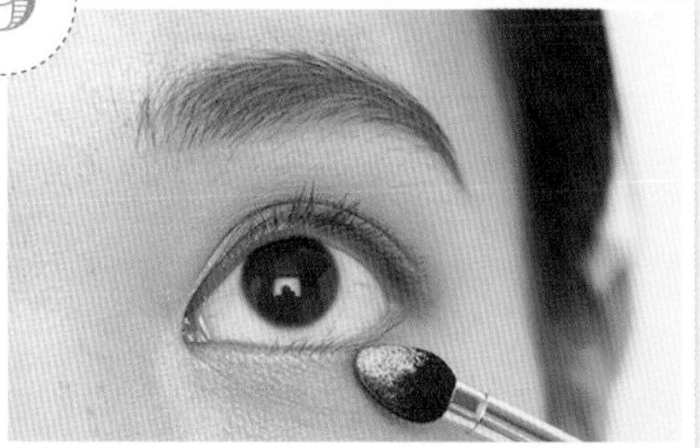

USE

チップにａのベージュをとり、下まぶたの涙袋にオン。トントンとのせるだけで OK。

» P139 で
紹介したアイテム

＼目尻より外側へ少し長めに／

10

USE

» P139 で
紹介したアイテム

ここでアイラインをいれる。リキッドライナーでまつ毛の根元をなぞるように、目頭から目尻まで丁寧に。**目尻側はハネをつくらず５㎜ほど長めに引く。**

＼下まぶたの目尻に影をつくる／

11

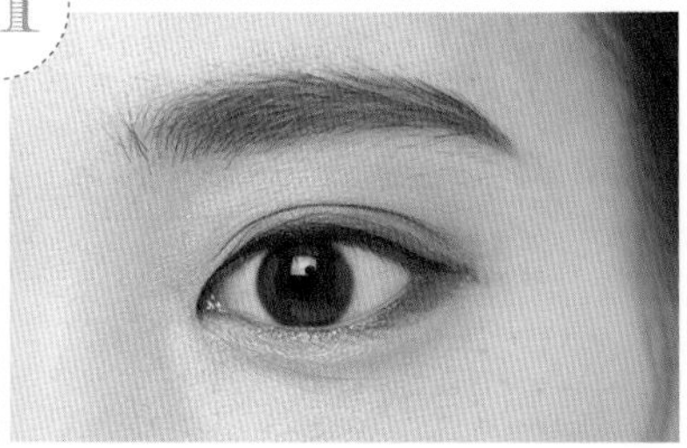

ｄの濃いブラウンを下まぶたの目尻３分の１にいれる。目尻に深みをプラスして。

切れ長の目元をいかして目尻側を強調 ——【マスカラ】

12 ＼軽くスーッとひと塗り／

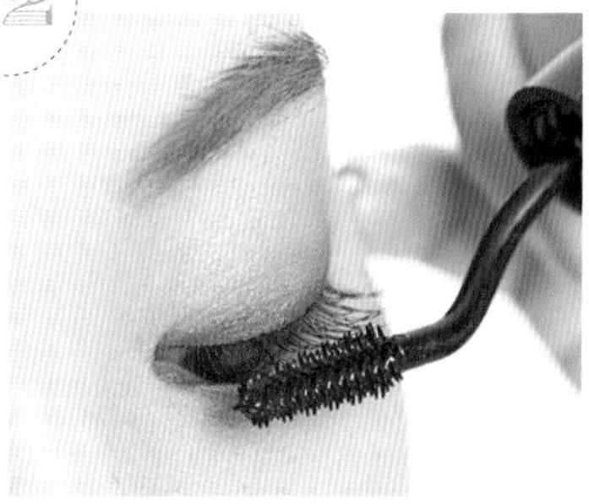

上まつ毛全体に塗る。あまりカールは意識せず、**マスカラ液の重みが出ないように一度塗り**するのがコツ。

13 ＼狙うのは眉尻の４～５本／

ブラシの先を使って**目尻側のまつ毛４～５本だけを重ね塗り**して長さを出す。外側に流すように塗って、切れ長アイをより美しく見せます。

USE

» P140 で
紹介したアイテム

finish

目を閉じると…

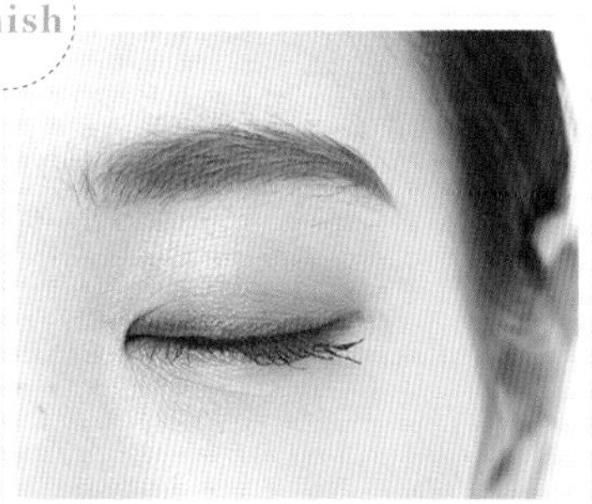

目を開けると…

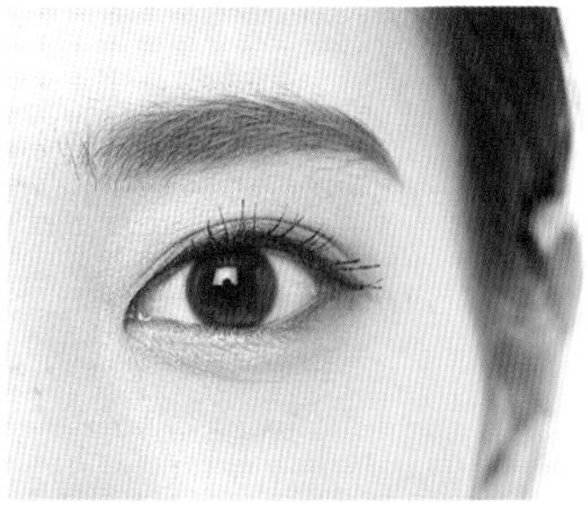

＼完成！／

チーク

頬骨にそった楕円形でシャープに

start

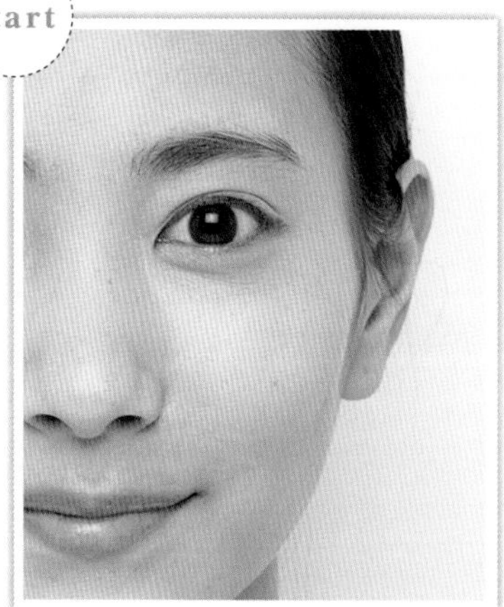

1

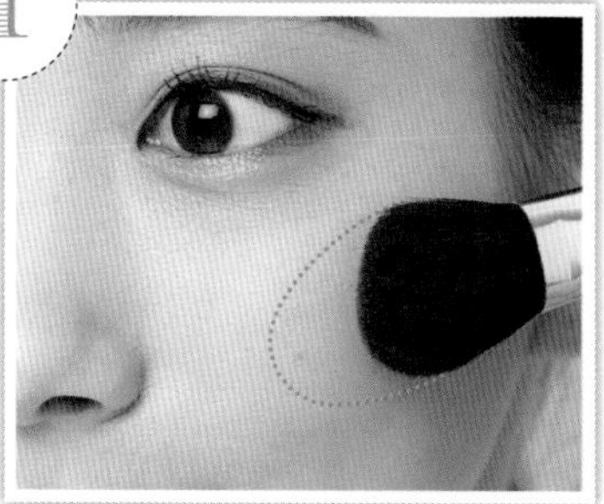

ブラシにチークをとり、頬の中心から頬骨にそって、斜め上の横長にのせていく。輪郭がシャープなクールタイプは**角度がつきすぎると頬がこけて見えるので注意！**　つけすぎも怖くなるのでNG。

USE

» P140 で紹介したアイテム

finish

＼ 完成！ ／

Type 4 クール

リップ

唇の形そのままに仕上げてナチュラルに

start

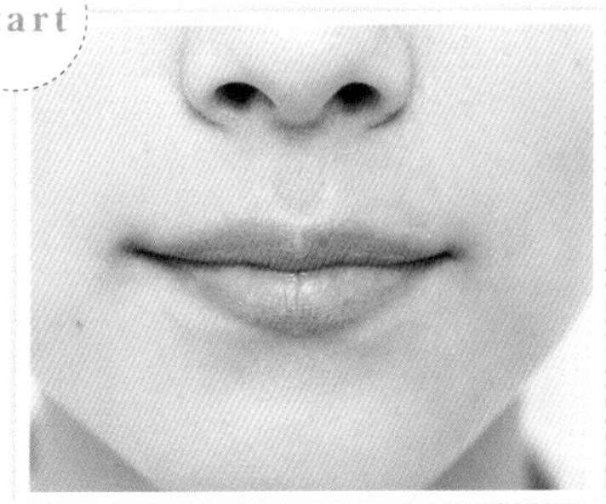

finish

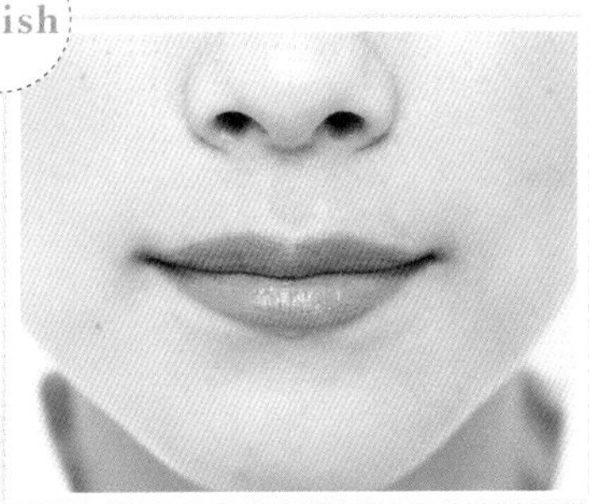

＼ 完成！ ／

1

＼リップブラシで丁寧に塗る／

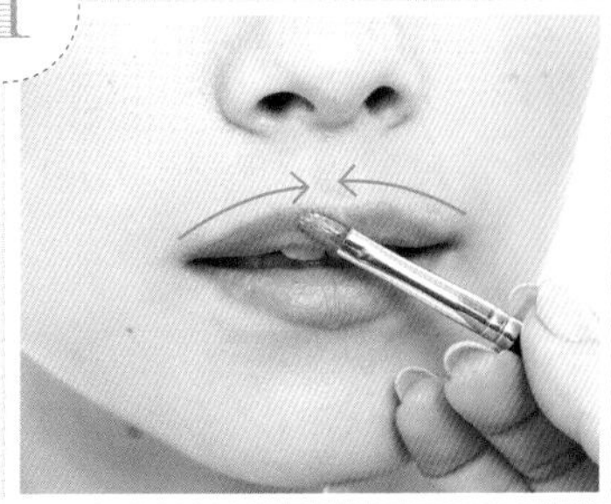

リップブラシを使って輪郭を整えながら塗る。口角から唇の山に向かって、自分の唇の形にそってのせていく。

2

＼キレイに輪郭をとる／

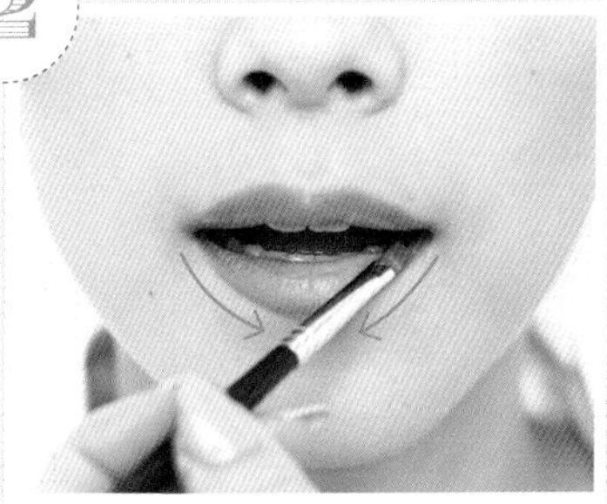

下唇も同様に、口角から中央に向かって塗る。**口角にブラシを差し込むように塗ると、ムラのないキレイな輪郭に**仕上がる。

USE

» P140 で紹介したアイテム

【エリアガイド】

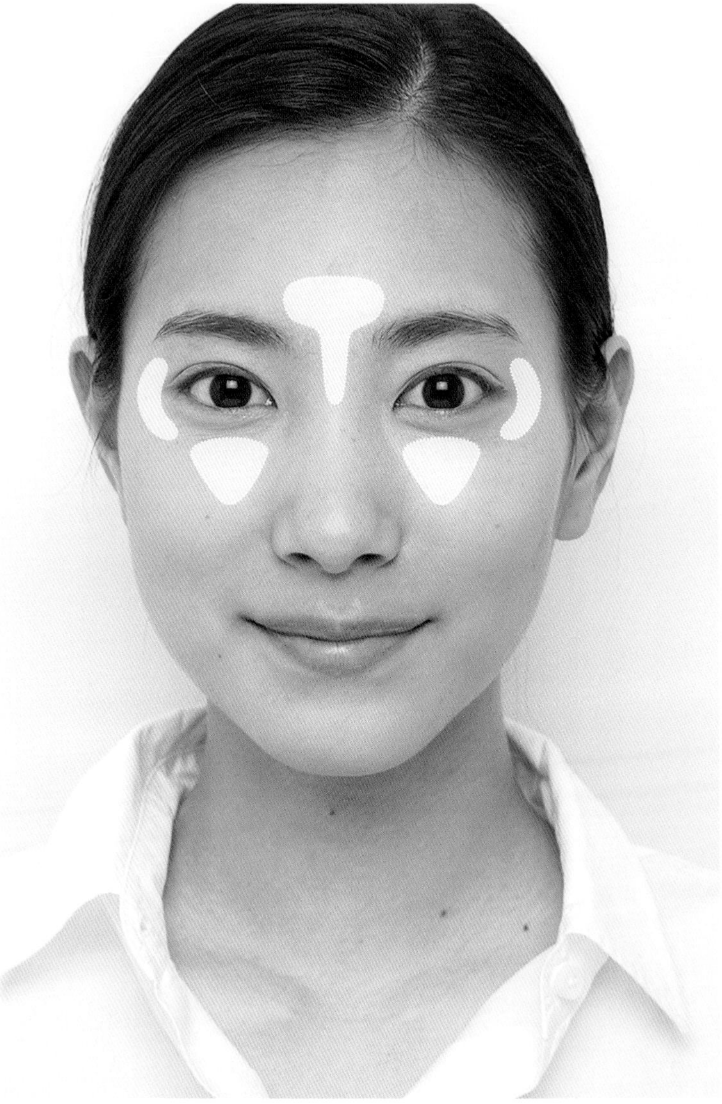

ハイライト

郵 便 は が き

料金受取人払郵便

麹町局承認

1617

差出有効期間
2021年11月30日
まで

102-8790

226

東京都千代田区麹町4-1-4
西脇ビル

㈱かんき出版
読者カード係行

フリガナ ご氏名	性別　男・女 年齢　　　歳

フリガナ

ご住所　〒

TEL　　　(　　　　)

メールアドレス

□かんき出版のメールマガジンをうけとる

ご職業

1. 会社員（管理職・営業職・技術職・事務職・その他）　2. 公務員
3. 教育・研究者　4. 医療・福祉　5. 経営者　6. サービス業　7. 自営業
8. 主婦　9. 自由業　10. 学生（小・中・高・大・その他）　11. その他

★ご記入いただいた情報は、企画の参考、商品情報の案内の目的にのみ使用するもので、他の目的で使用することはありません。

★いただいたご感想は、弊社販促物に匿名で使用させていただくことがあります。　□許可しないご購読ありがとうございました。今後の出版企画の参考にさせていただきますので、ぜひご意見をお聞かせください。なお、ご返信いただいた方の中から、抽選で毎月５名様に図書カード（1000円分）を差し上げます。

サイトでも受付中です！　https://kanki-pub.co.jp/pages/kansou

書籍名

①本書を何でお知りになりましたか。

- 書店で見て　• 知人のすすめ　• 新聞広告（日経・読売・朝日・毎日・その他　）
- 雑誌記事・広告（掲載誌　）
- その他（　）

②本書をお買い上げになった動機や、ご感想をお教え下さい。

③本書の著者で、他に読みたいテーマがありましたら、お教え下さい。

④最近読んでよかった本、定期購読している雑誌があれば、教えて下さい。
（　）

ご協力ありがとうございました。

自然なツヤでみずみずしい肌に

USE

» P140 で
紹介したアイテム

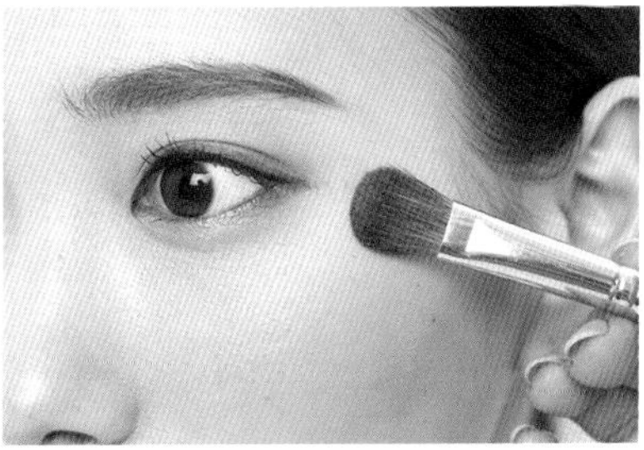

NG

顔全体をマットな肌にするとキツく見られるのでNG！　ファンデーションを選ぶときにも意識して。

ハイライトをいれるのはフェミニンタイプと同じ場所。ただし、**パウダータイプをブラシにとり、さらりとのせる。**

ベーシック
メイク
完成！

“大人っぽさと
華やかさを意識した
エレガントビューティ”

Q つり目でキツく見られがちです。親しみやすく見えるアイメイクは？

A 下まぶたで目形はコントロールできます。つり目さんは下まぶたに平行ラインをつくることで目形を補正し、目尻側に影をいれることで目の角度を下げましょう。ブラウン系のアイシャドウでまとめると自然な仕上がりに◎。

［ワンポイント］
下まぶた目尻にいれるのは基本的にブラウン系ですが、少しピンクっぽい色に変えると女性らしさが出ます。

1

下まぶたの中心から目尻に向かって平行ラインをいれる。目のキワから外して、床と平行になるようにラインを描く。最後は消えるように細くして。

2

目尻側のラインと目のキワのすき間をシャドウで埋める。目尻に影をつけることで、タレ目っぽい目に仕上がる。

＼ 完成！ ／

サイドから見ると…

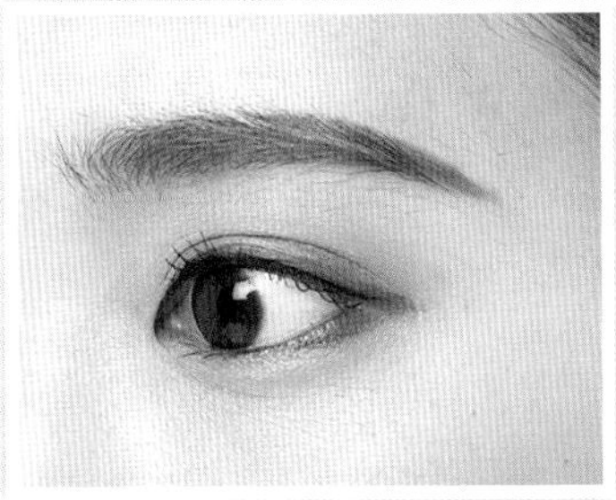

正面から見ると…

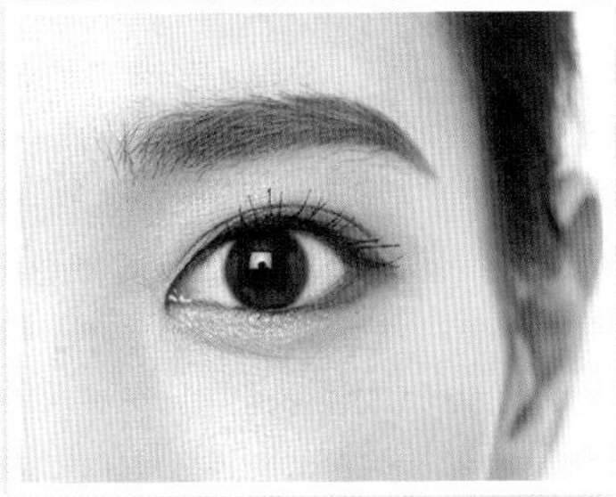

Cute

Fresh

Feminine

Cool

Lesson 04

ハレの日
ファッションを
格上げ！
華やかメイク

Type

1

キュート

Cute

”コーディネートを引き立てる
インパクトのある
単色アイシャドウが主役“

ベーシックメイクから華やかメイクにチェンジ

Change 1

**インパクト色の
アイシャドウと
黒目ラインでパッチリ**

インパクトのある色で目を強調。下まぶたの黒目幅にアイラインをいれて。

Change 2

**頬の正面に
ツヤを与えて**

つけるとツヤ感の出るチークで頬の丸みをアピール。笑顔が最高に魅力的に見えるポイント。

Change 3

口元にもツヤと血色感を与えて

頬のツヤと口元のツヤ、２つのツヤをリンクさせて明るくみずみずしいオーラを。赤リップはマットにしないのがポイント。

Eye 華やかカラーで目を強調

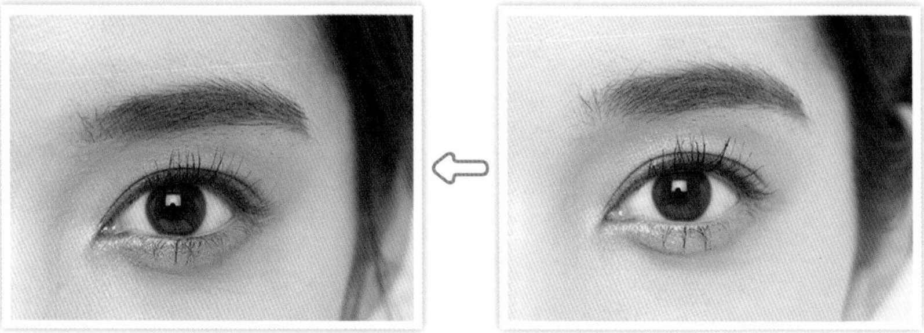

Cheek ツヤ感のあるチークでみずみずしさをプラス

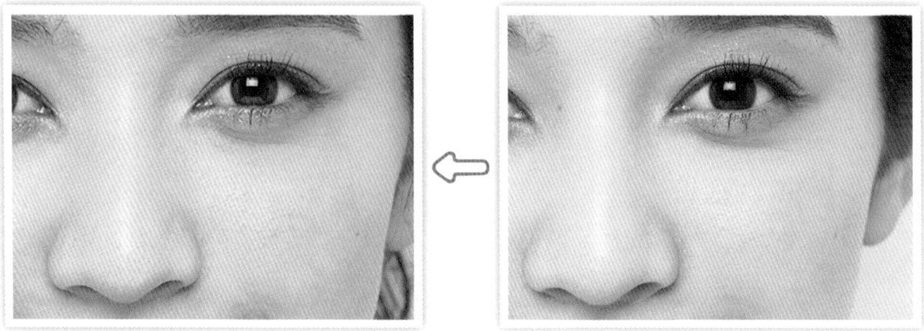

Lip 赤みのあるリップで華やかに

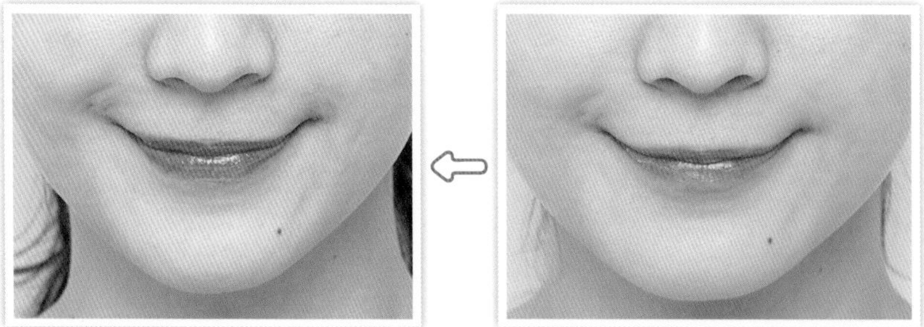

Type 1 キュート

アイメイク

\ シンプルなのにこなれた目元に /

1

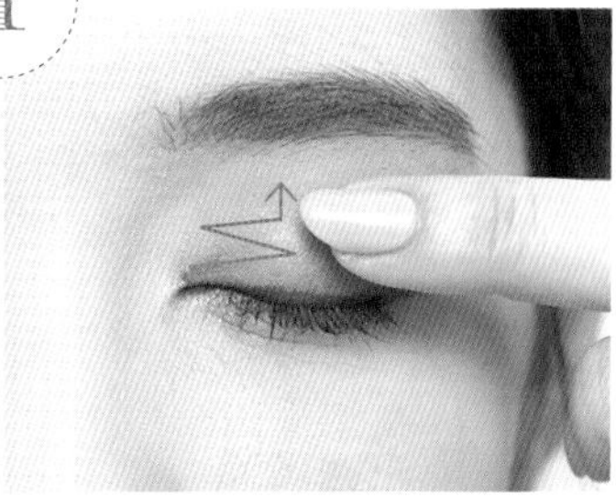

アイシャドウは指にとってオン。目のキワにそってのせてから、**指をジグザグに動かすワイパー塗りでアイホールまで広げていく。**

2

下まぶたのインサイドにブラウンのアイラインをいれる。**黒目幅だけにいれて**、より丸い目元を強調。

USE

» P132 で
紹介したアイテム

教えて!

Q アイラインは
なんでブラックじゃないの？

A 下まぶたはまつ毛が少ないのでブラウンにしたほうが自然な仕上がりになって◎。

\ Change 1 完成！ /

サイドから見ると…

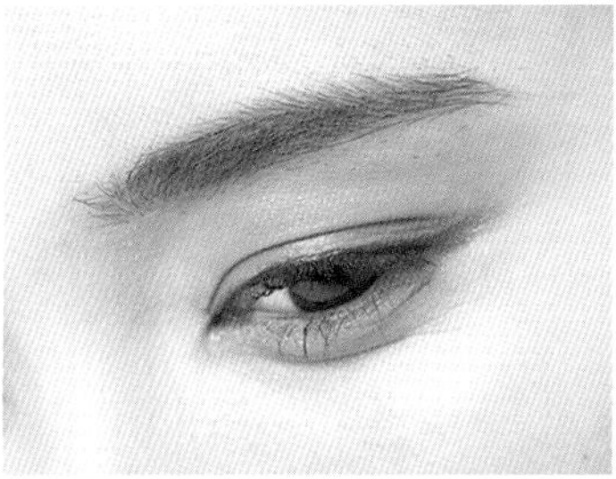

正面から見ると…

Type 1 キュート

チーク

Change 2

＼ 完成！ ／

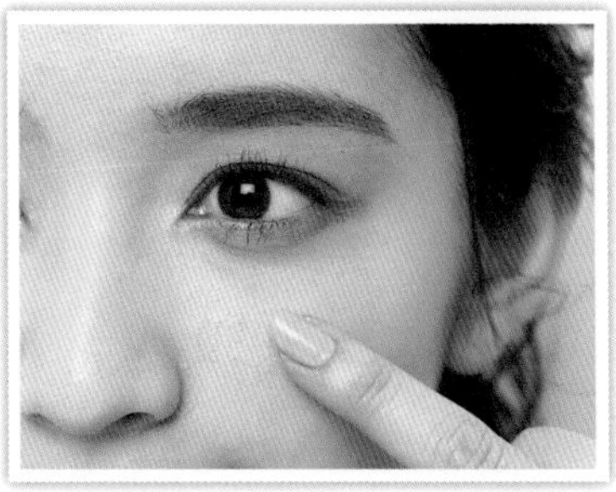

チークをいれる範囲はベーシックメイクと同じ。ただし、**質感をジェルタイプのチークにチェンジしてツヤ感をプラス。コーラルピンク系の色もおすすめ。**

USE

» P132 で紹介したアイテム

リップ

Change 3

＼ 完成！ ／

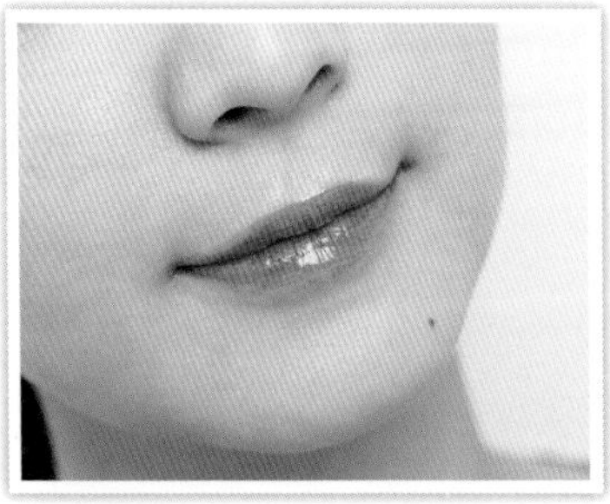

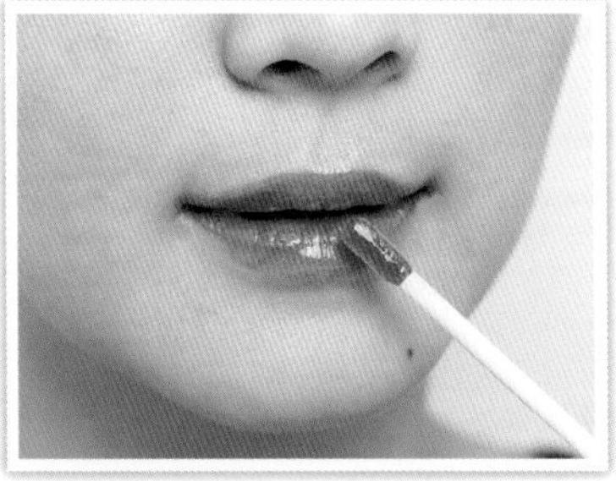

リップもツヤ感のあるものを選んで。シロップのようなリップグロスを唇全体に塗って“ン〜ッマッ”と唇の上下をなじませれば OK。**コーラルピンク系の色もおすすめ。**

USE

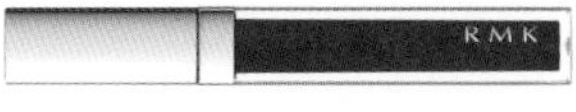

» P132 で紹介したアイテム

Q チークがまん丸の“おてもやん”みたいになりがちです。

A チークが“おてもやん”みたいな仕上がりになるのは、うまくぼかせていないから。ブラシの動かし方を覚えましょう！　頬の中心は濃く、外側は肌に溶け込ませるように薄く、とグラデーションを意識して。

NG

[ワンポイント]
チークは血色をメイクで置き換えたもの。頬が上気したときのようなグラデーションを意識していれると自然に、そしてハッピー感が出ます。グラデーションによって肌がキレイに、柔らかく見えるのでモテ肌に♡

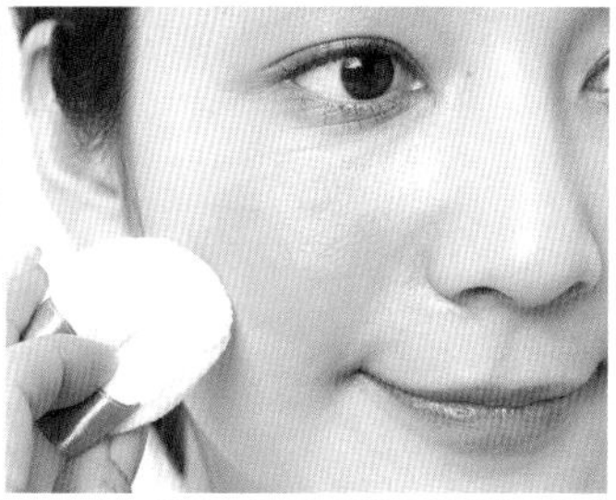

濃くなったときは、パフを軽く折り、外側に向かって輪郭をそっとぼかせば不器用さんでも簡単にグラデーションが完成。

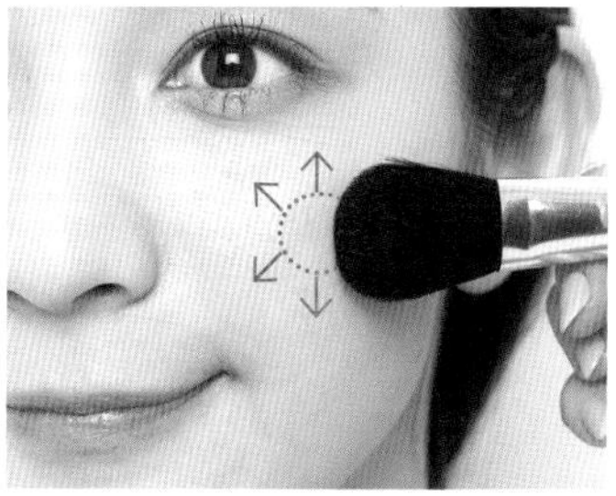

チークをブラシにとり、頬の中央から放射状にスッと動かすのがコツ。軽いタッチで少しずつのせると失敗しにくい。

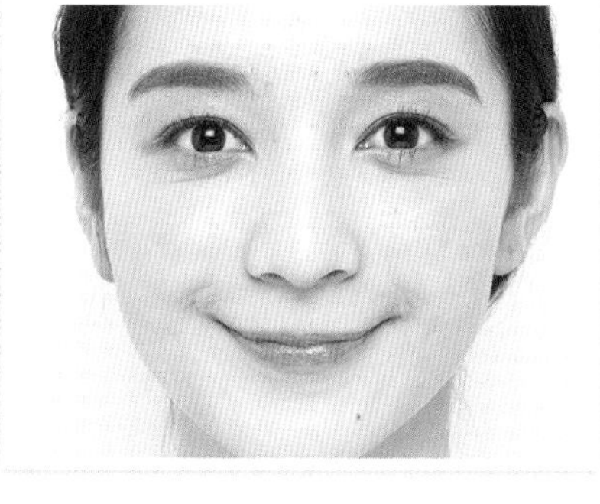

＼完成！／

Type 2

{フレッシュ}

Fresh

"ちょっぴりモード"を手にいれてクールカジュアルに

ベーシックメイクから華やかメイクにチェンジ

Change

切れ長アイをアピール

眉の長さとバランスをとって目尻に横幅をプラス。深みのあるアイシャドウと目尻のアイラインでクールに。

Change

眉を長めストレートに

ベーシックメイクの眉形にほんの少し長さをプラス。少し濃さがあってもOK。

Change

肌なじみのいい血色ブラウン

リップはベーシックメイクよりもベージュ系やマット系など、カジュアル感のある色にチェンジして。

Eye 目尻に横幅をプラスして

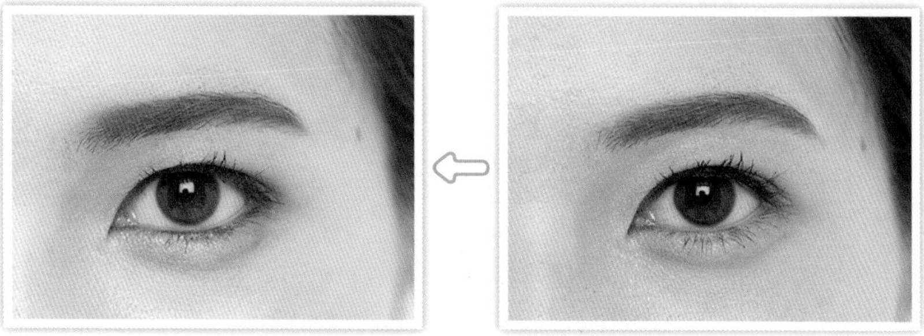

Cheek 肌なじみのいい色でナチュラルに

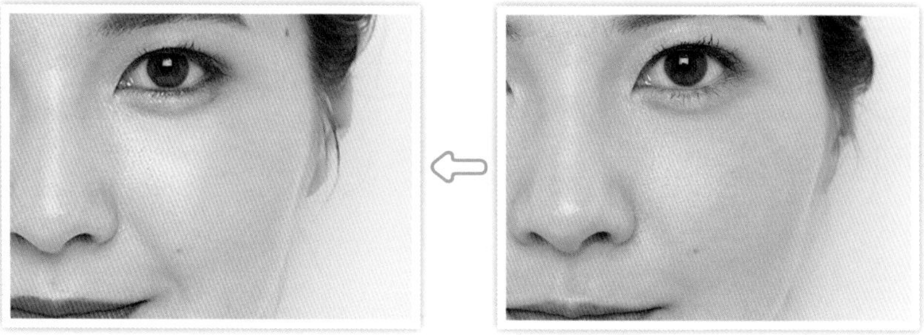

Lip 血色ブラウンでオシャレ顔に

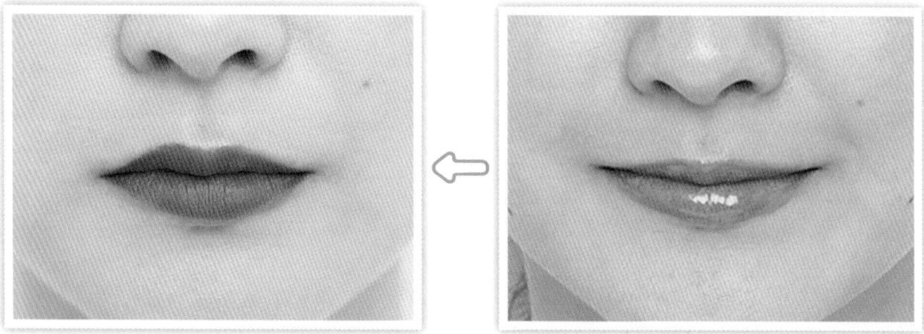

1 ＼眉のストレート感を強調／

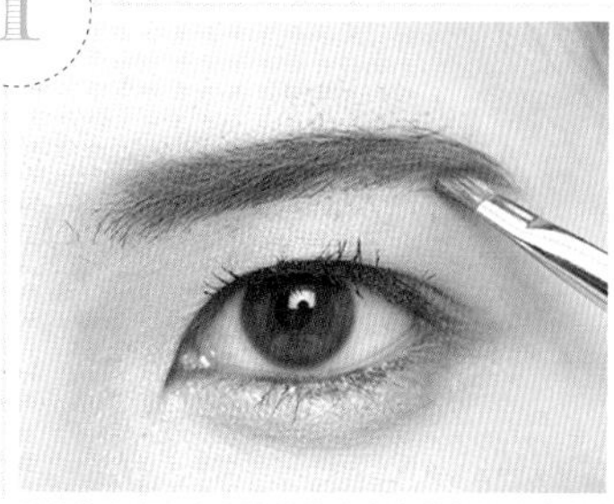

ベーシックメイクと同じように眉の下側のラインを整え、**眉尻をやや長めに**描く。

2 ＼ブラウン系でまとめて大人っぽく／

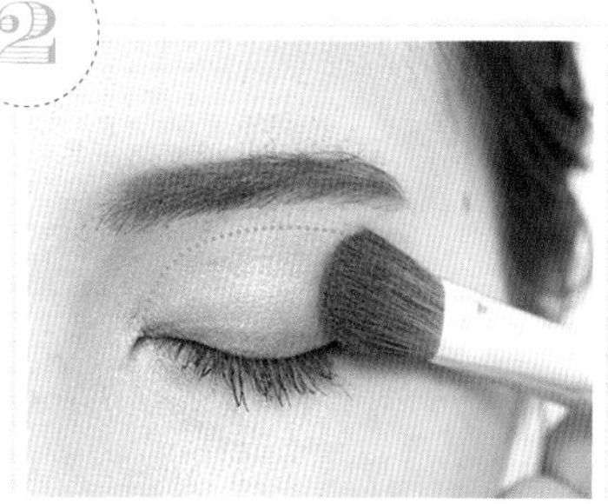

aのキャメルをブラシにとって、アイホール全体にふわりとのせる。

3

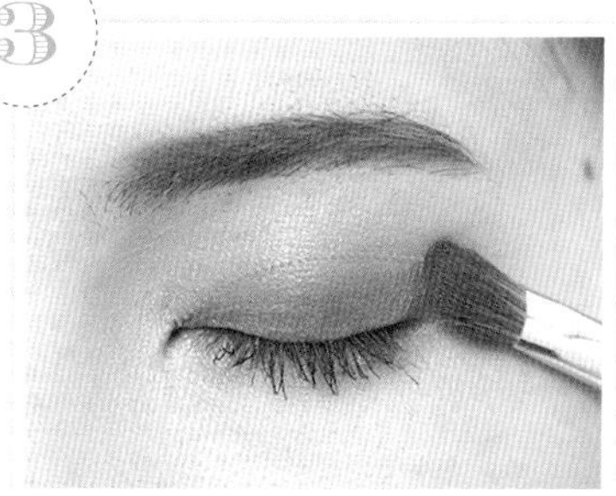

bのブラウンを目のキワからぼかしていく。目を開けたときに少し見えるまで広めにぼかす。**目尻側は目幅より外側までつける**ことで大きく見せる。

USE

b

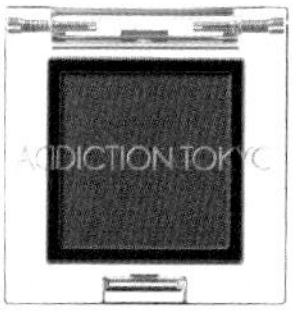

» P135 で紹介したアイテム

a

» P135 で紹介したアイテム

Change 1

完成！

正面から見ると…

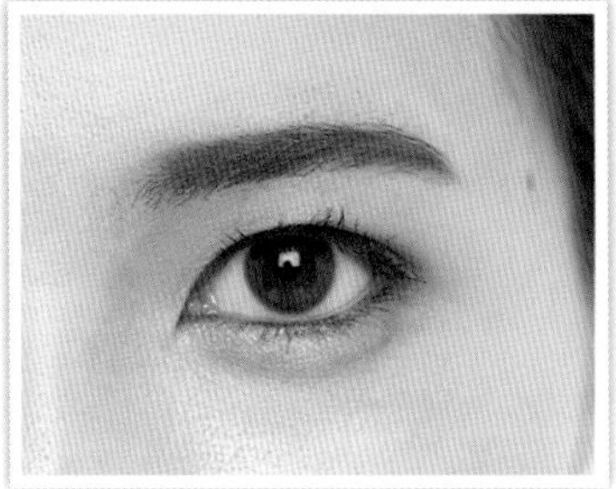

サイドから見ると…

4

＼目尻に長さを出して／

上下のまぶたともに、目尻に5㎜アイラインをプラス。ただし、上下のラインがつながると目が小さく見えるので注意！

USE

» P133 で紹介したアイテム

Q 鉄板のブラウンアイシャドウ。私に似合う色の選び方は？

A 使い勝手のいいブラウンアイシャドウは、みなさんも1つは持っているのでは。でも、買ったはいいけど「なんだかしっくりこない」「似合わない」と失敗した方もいるはず。アイシャドウパレットで見たときと、実際につけたときとで色が変わることも多いので、**まずは手の甲につけて肌になじむ色かどうかを確認しましょう。**このひと手間が大事です。ナチュラルに仕上げたいときは、黒っぽいブラウンは避けて。メイクが濃く見えます。

Type 2 フレッシュ

チーク

Change

USE

» P135で
紹介したアイテム

＼ 完成！／

いれる位置はベーシックメイクと同じ。カラーチェンジのみ。**ベージュ系の色もおすすめ。女性らしく仕上げるならピンク系が**◎。

リップ

Change

USE

» P135で
紹介したアイテム

＼ 完成！／

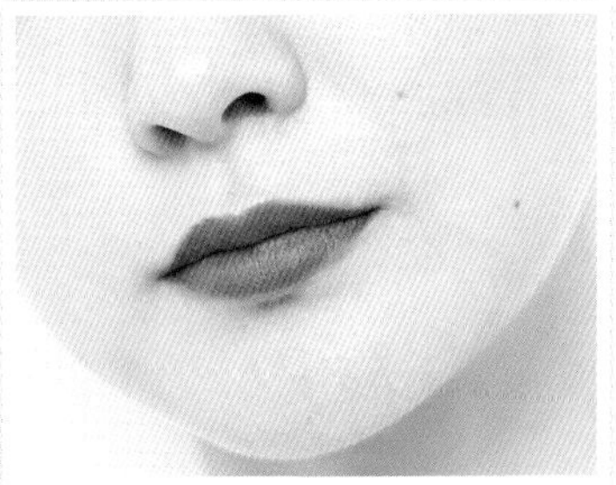

ブラシにとって自分の唇の形にそって丁寧に塗る。リップラインはシャープになるよう意識して。**シアーなレッド系もおすすめ。女性らしく仕上げるならピンク系が**◎。

Q エラ張りが気になります。小顔に見せるシェーディングのいれ方は？

A 鏡を見て、顔がいちばん自然な卵形になるところに手をそえてみましょう。顔に手をそえてチェックすると、自分の顔立ちにベストな卵形の範囲が見つかります。影をつけることで顔に立体感をつくるだけでなく、小顔効果が得られるシェーディング。大人っぽいメイクをするときに必要なテクニックですが、顔立ちをいかせる範囲でのせることが重要です。

OK

シェーディングの位置

NG

やりすぎ

NG

足りない

1

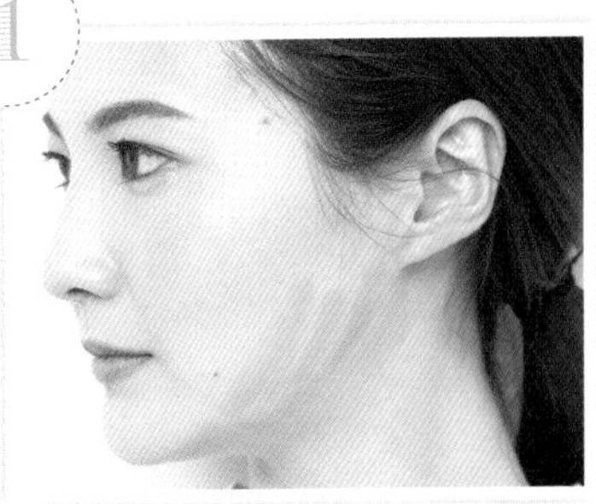

シェーディングをいれる範囲を決めたら、耳の手前からあごのラインにそってシェーディングをいれる。

[ワンポイント]
シェーディングを塗ったところと塗っていないところの境目がわからないようにすれば、失敗しません。また、眉毛を短くするのはNG。顔の余白が大きく見え、エラ張りが目立ってしまいます。

2

\ ほんのり色づけばOK /

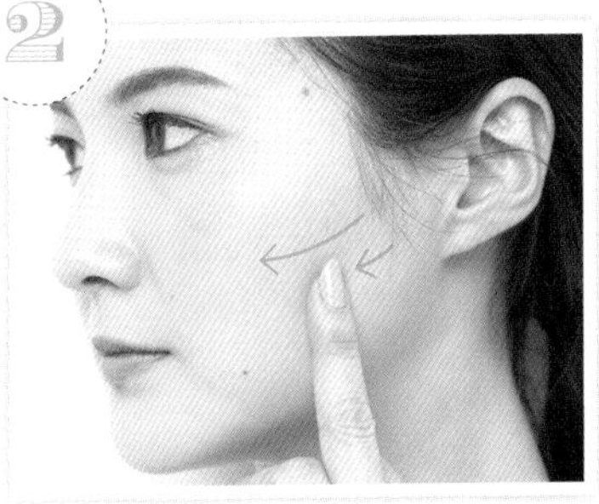

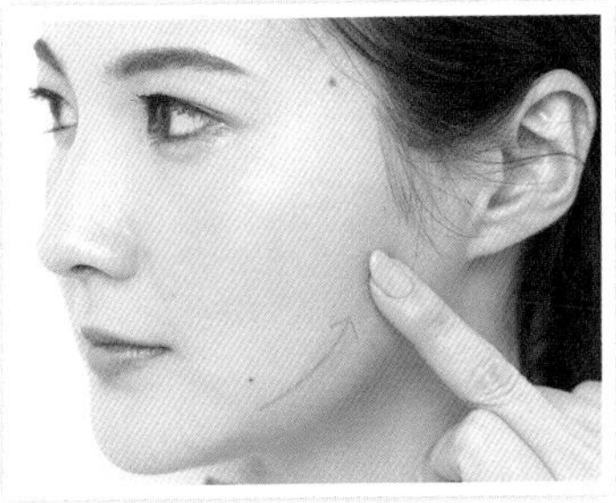

のせていない部分との色の境目が出ないように、フェイスラインになじませる。耳の手前から内側に、あごから上に向けてぼかし、自然な影をつくる。

\ 完成！ /

サイドから見ると…

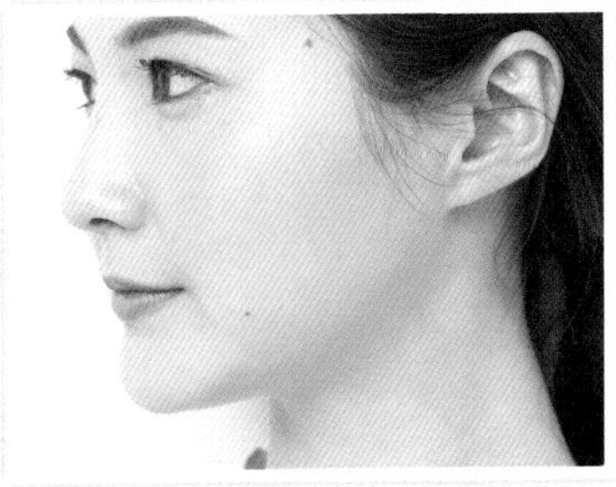

正面から見ると…

Type 3

華やかメイク

フェミニン

Feminine

清楚でいて華やか。
女性が憧れる愛され顔

ベーシックメイクから華やかメイクにチェンジ

Change 1

チャームポイントの目元を主役に

目の丸さを強調しながら、ピンクシャドウで華やかさをプラス。

Change 2

シックなツヤ感のある楕円形チーク

チークは肌に自然になじむ色合いで、ツヤ感のあるものを選んで。

Change 3

ビビッドなピンクリップで華やかに

ピンクが主役の目元とバランスをとって、リップの色もチェンジ。明るく鮮やかなピンク系に。

Eye ピンクカラーをしっかり発色させて

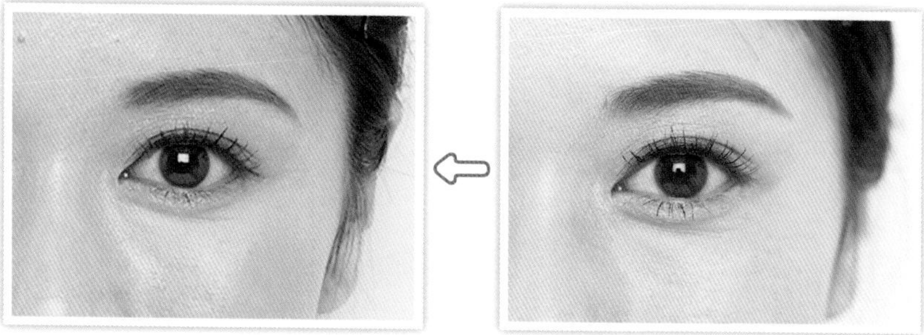

Cheek ツヤ感のあるチークでみずみずしさをプラス

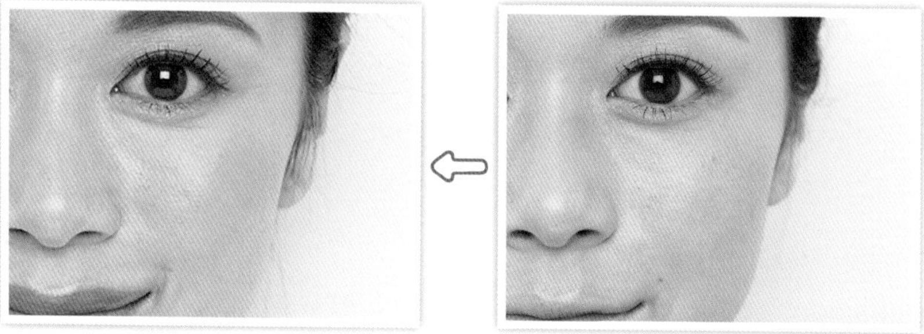

Lip 華やかカラーで女性らしさアップ

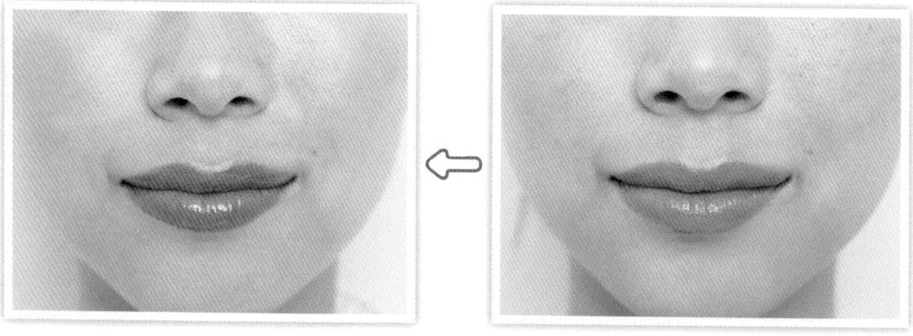

アイメイク

USE

» P138で
紹介したアイテム

1

太めのブラシにaのベージュをとり、アイホール全体にのせる。

2

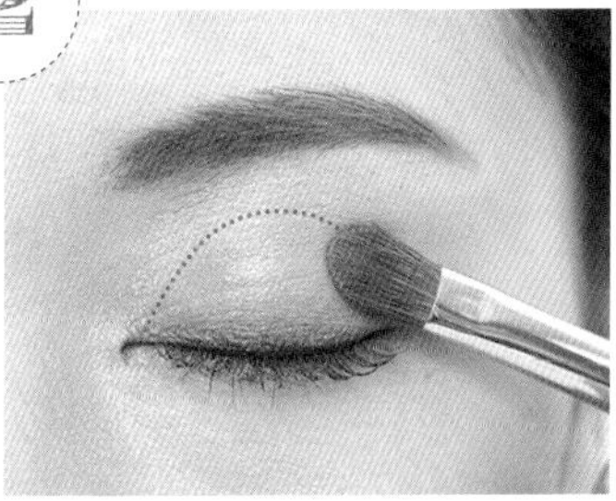

細めのブラシにbのピンクをとり、**目に縦幅をつくるイメージで山型に**なるようにシャドウを重ねる。

＼目元にハイライトをいれる／

3

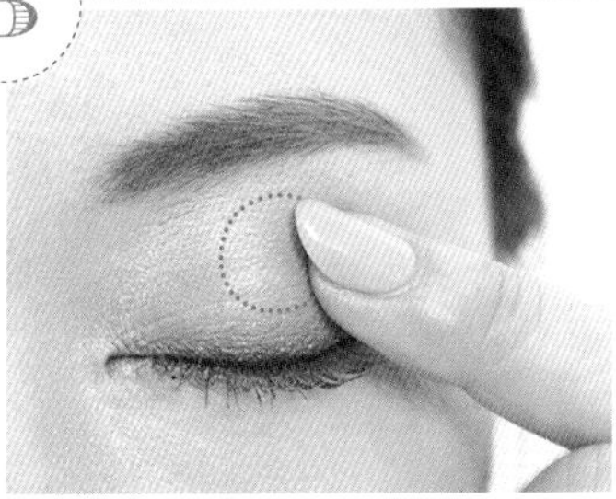

①と同じaを指にとり、**まぶた中央にポンポンとのせて**ハイライト代わりに。面ではなく、点を置くように。

＼ブラウンでキュッと引き締め／

4

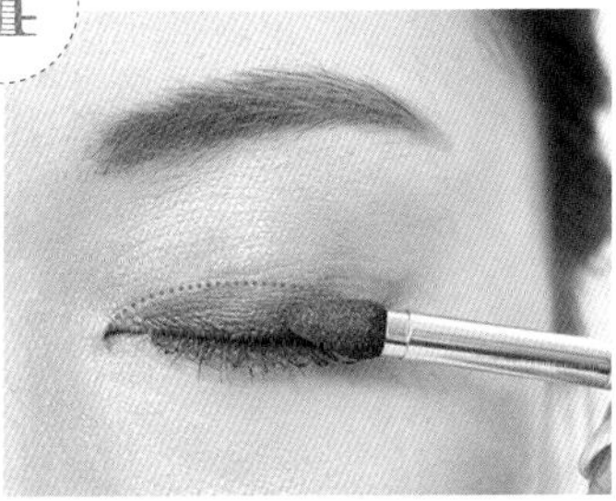

チップにcのブラウンをとり、目のキワにそっていれたあと二重幅にぼかす。

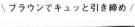

5

＼目元のピンクでラブリーに／

下まぶたの目尻側３分の１にｂのピンクをいれて、**甘いニュアンスをプラス**。

6

＼ひっそりくっきり効果！／

最後にブラウンの極細アイラインをいれる。**目の輪郭をくっきり見せることが目的**なので、目の形をなぞるだけでOK。

USE

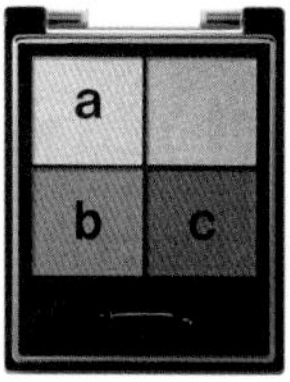

» P138で紹介したアイテム

Change 1

＼完成！／

サイドから見ると…

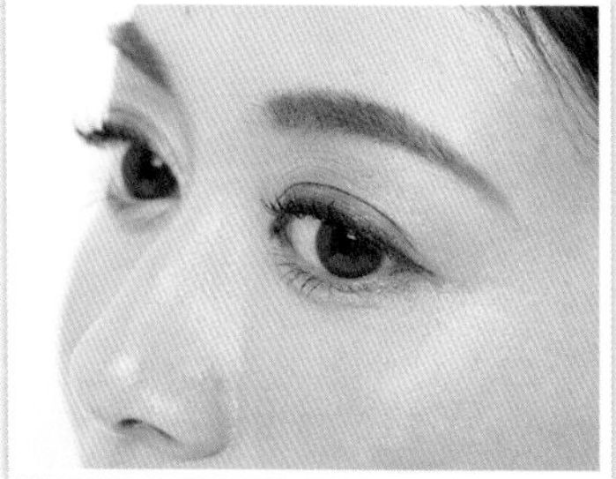

正面から見ると…

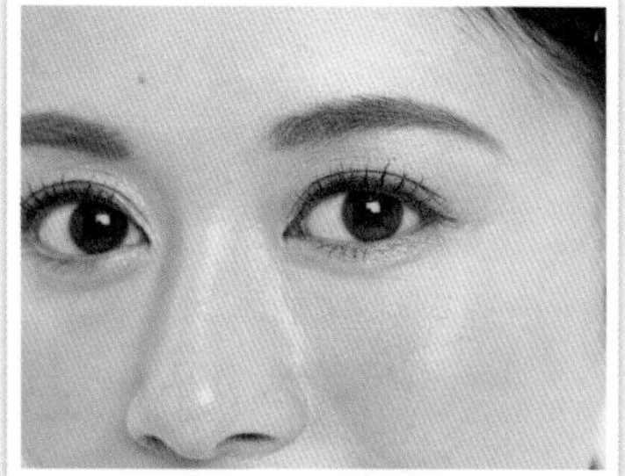

Type 3 フェミニン

チーク

USE

» P138で
紹介したアイテム

Change 2

完成！

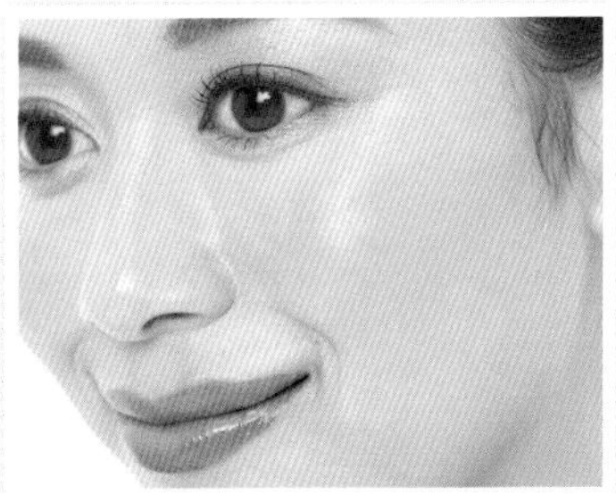

いれる位置はベーシックメイクと同じ。カラーチェンジのみ。**ローズ系の色もおすすめ。**

リップ

USE

» P138で
紹介したアイテム

Change 3

完成！

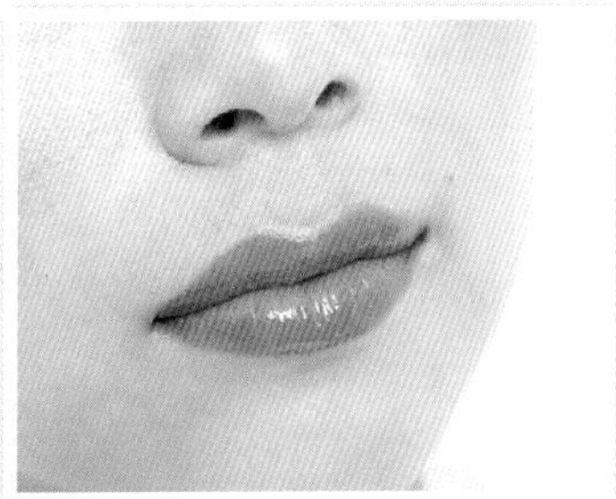

塗り方はベーシックメイクと同じ。カラーチェンジのみ。**ツヤのある質感のコーラルピンク系もおすすめ。**

Type
4

華やかメイク
クール
Cool

ローズ系のワントーンメイクで
仕上げた上品な大人レディ

Change 1

深みのある
ローズカラーで
エレガントに

アイシャドウをローズ系に変えることで、クールな顔立ちにエレガントさをプラス。

Change 2

目元と口元の
つなぎ役、
チークもローズ系に

顔全体の雰囲気を決めるチークもローズ系でまとめてワントーンメイクにすると、断然シックに。

Change 3

口元もローズ系でまとめて

目元と口元の色を合わせることで、大人っぽさが出る。肌なじみのいい色なら優しい雰囲気も手に入る。

Eye ローズカラーで華やかさをプラス

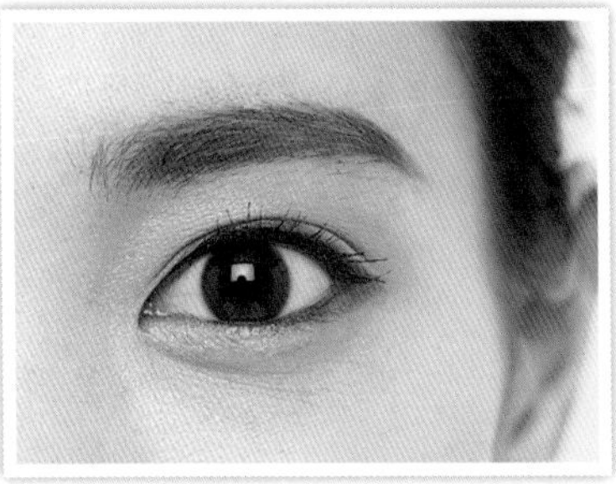

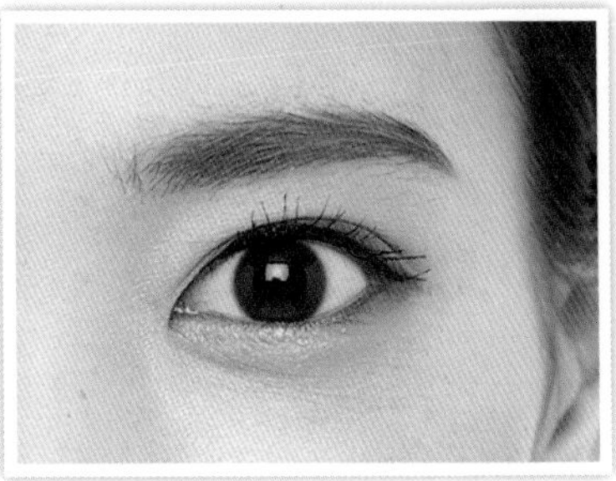

Cheek 頬に赤みをプラスして

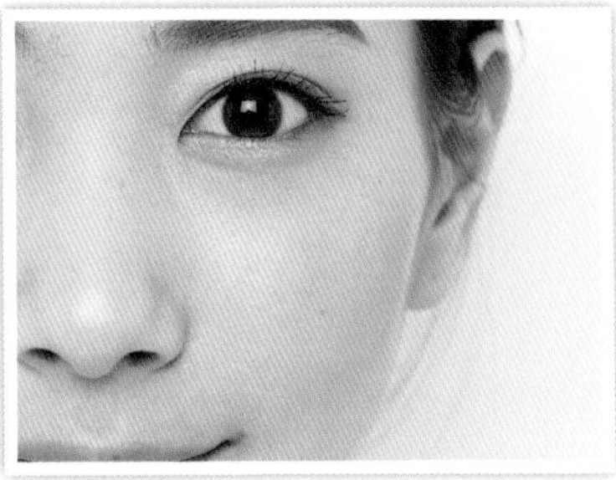

Lip ローズ系カラーで女性らしさアップ

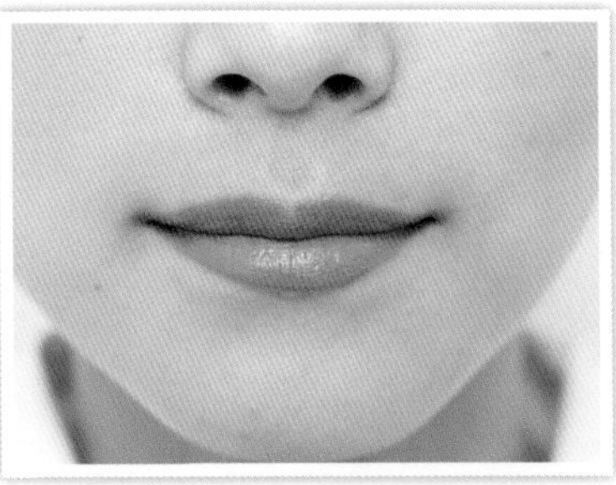

1 \ まぶたのくすみ回避効果！ /

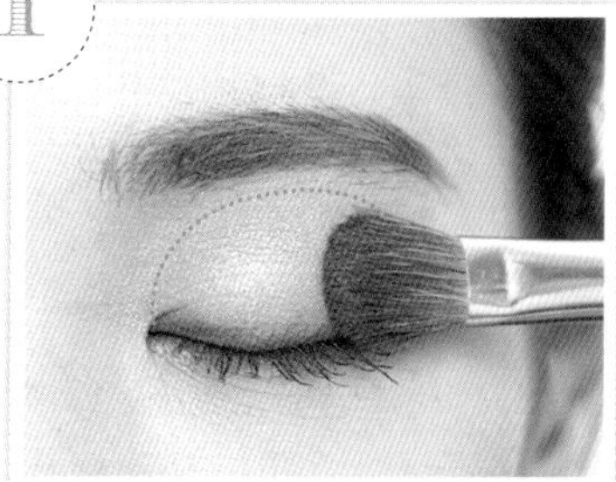

太めのブラシにaのベージュをとり、アイホール全体にのせていく。ベースカラーとしてくすみをカバーし、目元全体が明るく。

2 \ 彫りの深い目元をつくる /

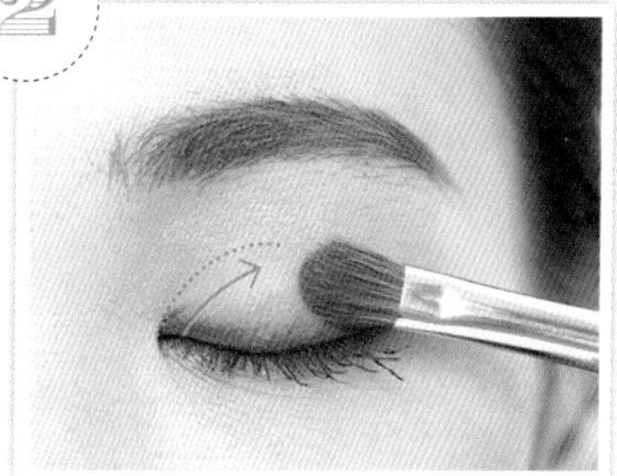

細めのブラシにbのくすみピンクをとり、**目頭から中心に向かってアイホールの半分にのせる**。目頭側が濃くなり、彫り深く見せることができる。

3 \ 黒目上に赤みピンクを効かせる /

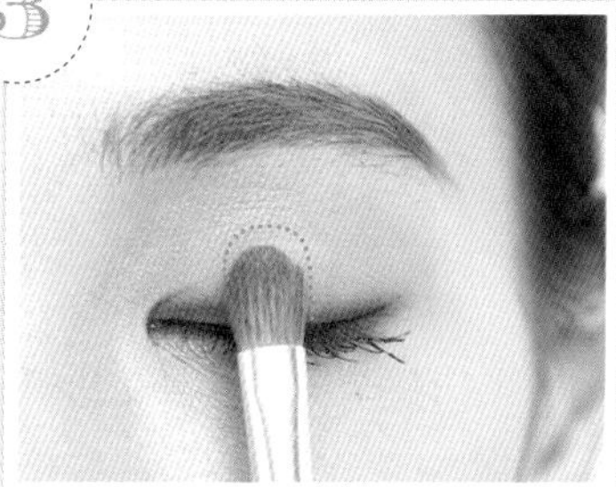

cの赤みピンクをまぶた中央にのせる。**横は黒目幅、縦は二重幅より少し広い範囲に**ピンポイントで色を効かせて。

4 \ 目尻がパッと明るく！ /

dのパールローズを**目尻から中央に向かって**、アイホールのくぼみをなぞるようにのせる。

USE

» P141で
紹介したアイテム

5 ＼パウダーアイラインで ソフトな深みを出す／

USE

極細ブラシにｅのブラウンをとり、目のキワにそってアイラインをいれる。**目尻を５㎜長めに**してスッと引く。

» P141 で
紹介したアイテム

Change 1

＼完成！／

目を閉じると…

サイドから見ると…

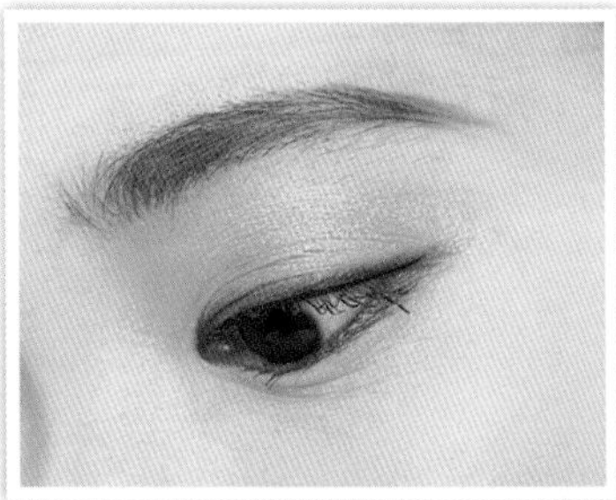

チーク

Change 2

USE

» P141 で
紹介したアイテム

完成！

いれる位置はベーシックメイクと同じ。カラーチェンジのみ。**ピンク系の色もおすすめ。**

リップ

Change 3

USE

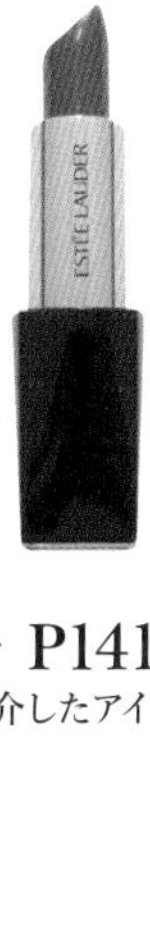

» P141 で
紹介したアイテム

完成！

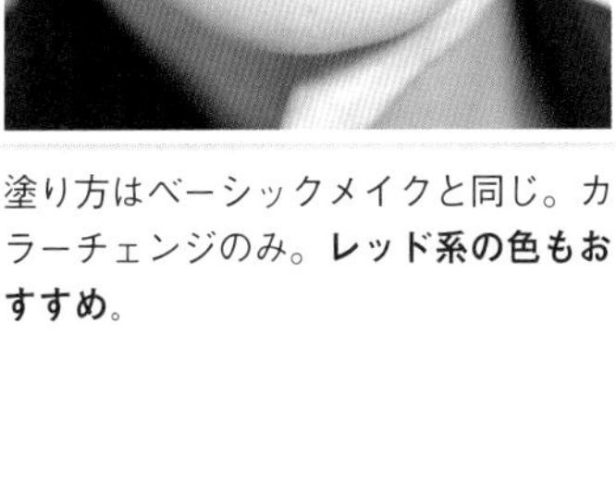

塗り方はベーシックメイクと同じ。カラーチェンジのみ。**レッド系の色もおすすめ。**

Fresh

Cute

Feminine

Cool

Lesson 05

あなたの願望を叶えます！顔タイプ別お悩み解決

Type 1

キュート

よくあるお悩み

HELP!

「童顔で幼く見られる……。
もっと大人っぽくなりたい！」

【これで解決】

**ノーズシャドウをいれて立体感を出し、
眉間を寄せて顔を引き締める錯覚メイク。**

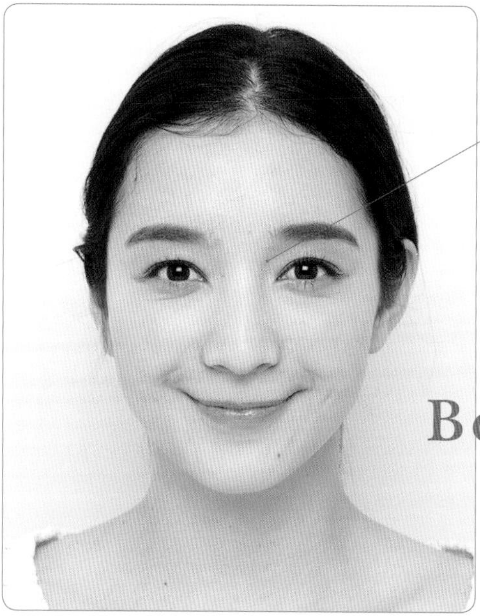

CHECK!

❶ 平面的な顔立ちを、骨格を感じさせて立体的に
❷ ベーシックメイクより眉間を近づけて中心に寄せる

メイクのポイント

1

ブラシにノーズシャドウをとり、眉頭の下から鼻筋に向かってひとはけ。うっすら影をつける程度でOK。

2

ベーシックメイクの眉よりも、目頭側に少しだけ内側に描き足す。

After

“ 彫りが深く見え、キリッとした印象に！ ”

Type 2

フレッシュ

よくあるお悩み

HELP!

「もっと目を大きく見せたい！
どうしたらいい？」

【これで解決】

**ポイントは下まぶた。
黒目下アイラインと涙袋で目力アップ！**

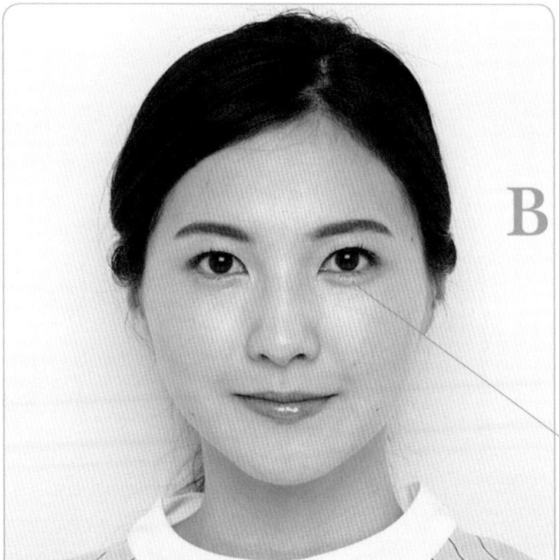

Before

Point
下まぶた

CHECK!

❶ 黒目下アイラインで黒目を大きく
❷ 涙袋メイクで目に縦幅をつくる

メイクのポイント

1

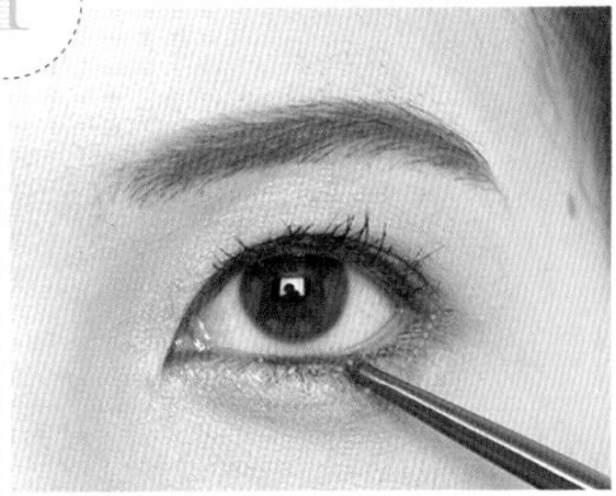

ベーシックメイクと同様、下まぶた全体にミントグリーンをのせたあと、黒目幅にブラウンのアイライナーでインサイドラインをプラス。黒目下に引くことで黒目を大きく見せる。

2

アイラインの上からピンクのアイシャドウでなじませる。アイシャドウを重ねることで涙袋のぷっくり感が増し、目幅が縦に大きく見える。

After

ナチュラルでいてデカ目効果抜群！

Type 3

フェミニン

よくあるお悩み

HELP!

「女の子っぽい雰囲気からスタイリッシュな
ハンサム女子にイメチェンしたい！」

【これで解決】

眉を直線的に整えてキリッと。
リップもマットな質感にチェンジして。

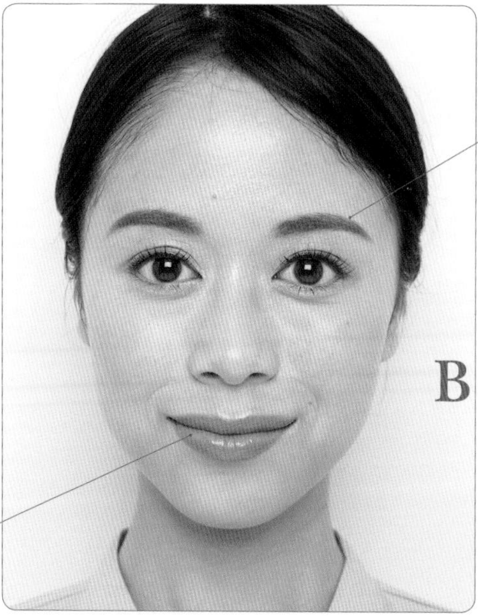

Point
アイブロウ

Before

Point
リップ

CHECK!

❶ 眉と口元に直線をつくる
❷ メイクアイテムの質感を利用する

メイクのポイント

1

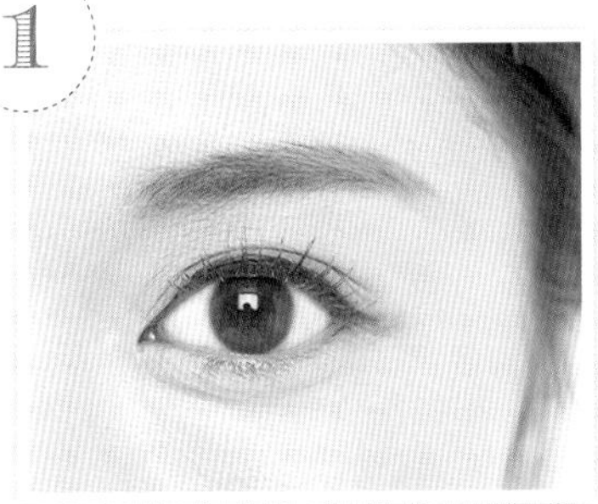

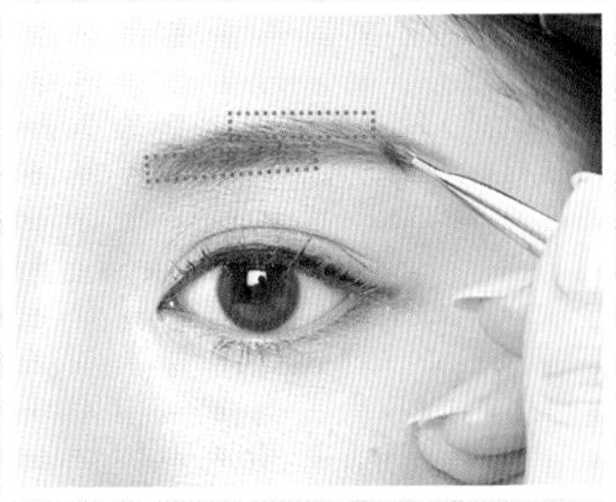

もとの曲線的な眉の下側をまっすぐになるよう直線的に整える。同様に上側のラインもまっすぐになるように描く。

2

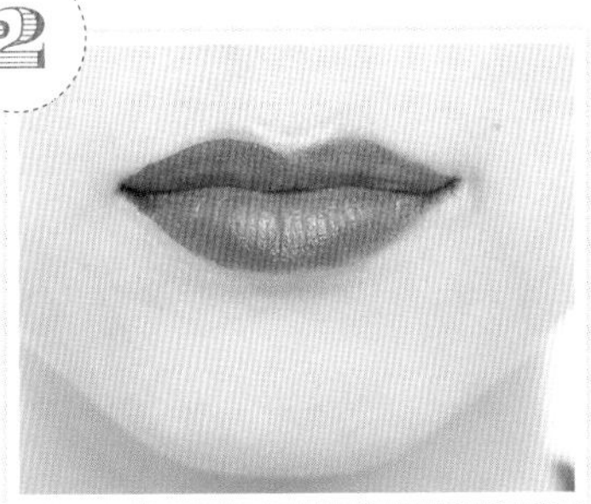

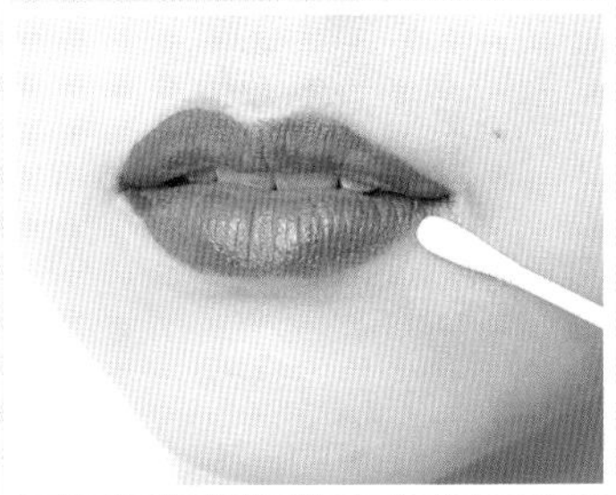

マットな質感のリップを選び、唇の形にそってのせていく。全体に塗ったあと、綿棒でリップラインを直線的に整える。

After

“形と質感を
変えるだけで
断然クールに！”

Type 4

クール

よくあるお悩み

HELP!

「キツく見られがちな顔立ちを、
優しい雰囲気にしたい！」

【これで解決】

眉とチークに曲線をプラスして
女性らしい丸みをつくる。

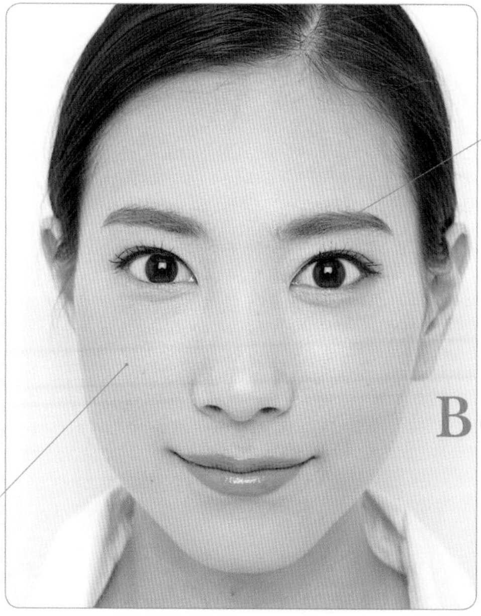

Point
アイブロウ

Before

Point
チーク

CHECK!

❶ 眉に曲線をつくる
❷ 頬に丸みをつくる

メイクのポイント

1

眉の上側のラインが弓なりになるようにアイブロウパウダーをのせていく。下側のラインも曲線を意識して整える。

2

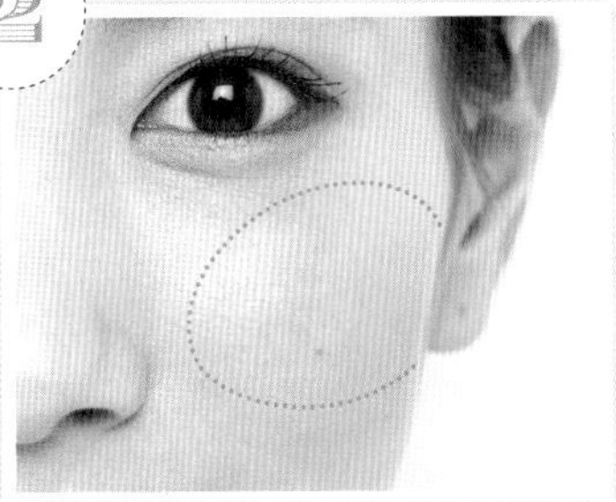

ベーシックメイクよりやや広い範囲にチークを丸くふんわりいれる。カラーもピンク系に変えて柔らかい雰囲気をプラス。

3

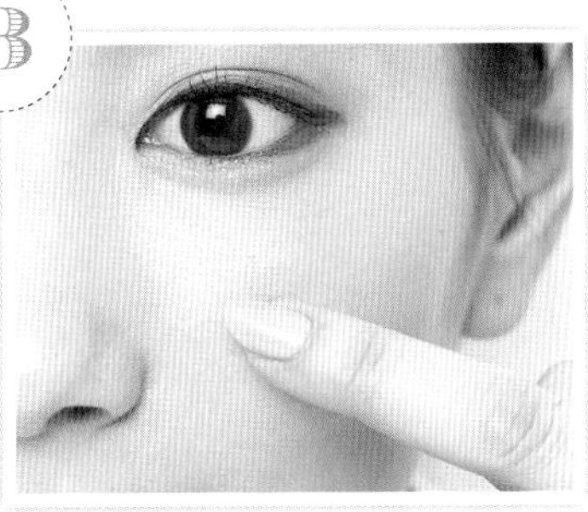

ハイライトを指にとり、頬の中心にポンポンと点で置く。ツヤが中心に入ることで頬に丸みが出る。

After

“キリッと美人から
ふんわり美人に
チェンジ！”

メイクツールに投資すれば、〝苦手〟も〝テクニック〟もカバーできます！

メイクをする際、コスメにお金をかけるのもいいですが、私がぜひ投資してほしいと思っているのがメイクツール。

特に、「**チークブラシ**」と「**アイブロウブラシ**」は投資することをおすすめします。アイシャドウブラシは付属のツールでもうまくいきますが、この2点は**ブラシの差が歴然と出ます、顔に。**

チークブラシは特に、ブラシの形がそのまま頬に印字されてしまいます。やたら大きいチークブラシを使っている人がいますが、そういう人の顔はたいてい不自然にチークが下がっていることが多いです。頬のいちばん高い位置を塗っているつもりが、ブラシが大きいために頬の下までついてしまっているんですね。

あとは毛質も大事。やはり少々お高くても**本物の天然毛がベスト**です。最近はプチプラの人工毛でも肌触りのいいものがありますが、とにかく**毛先がチクチクしているものはダメ！** それはガサガサのタオルで顔を拭いているようなもの。毎日それで肌に触れていることになります。

アイブロウブラシも、付属のものよりもちゃんとしたブラシでメイクしたほうが断然うまくなります。

たとえば書道のとき、ちゃんとした筆を使うと墨の出方や筆運びがスムーズなように、アイブロウブラシも仕上がりに差が出ます。

「メイクがうまくならない」というなら、ぜひ一度、**手元にあるメイクツールを見直して**みましょう。メイクツールを替えるだけで、〝苦手をカバー〟できることがたくさんありますよ。

Lesson 06

顔タイプ別
コスメアイテム
早見表

Type

1

キュート

好感度重視

ベーシックメイクコスメ

【アイブロウ】

赤みが強めの発色で
眉にシャレした
雰囲気をプラス。

フーミー マルチマスカラ reddee レッドブラウン ¥1500／Clue

ふんわり眉が
完成する明るめ
ブラウン系。

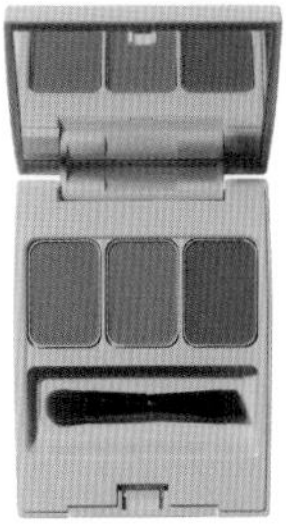

フーミー アイブロウパウダー N ブライトブラウン ¥1800／Clue

【アイライナー】

黒ほど主張しない、
でもきちんと目元が
際立つブラウン。

キャンメイク クリーミータッチライナー 02 ¥650／井田ラボラトリーズ

【アイシャドウ】

見たままの鮮やかな発色。
手持ちのアイカラーに
重ねても楽しめる。

ジルスチュアート　アイコニックルック アイシャドウ S109 ¥2200／ジルスチュアートビューティ

重ねてもくすまず、クリア
に発色。単色使いでも
ミックスでも自在。

アイカラー デュオ 06 ¥4000（セット価格）／ポール & ジョー ボーテ

【リップ】

ピュアなピンクカラーが
“表情美”を
際立ててくれる。

リップカラー 08 ¥3200／レ・メルヴェイユーズ ラデュレ

【チーク】

肌なじみのいい
ピンクでふんわり
優しい仕上がり。

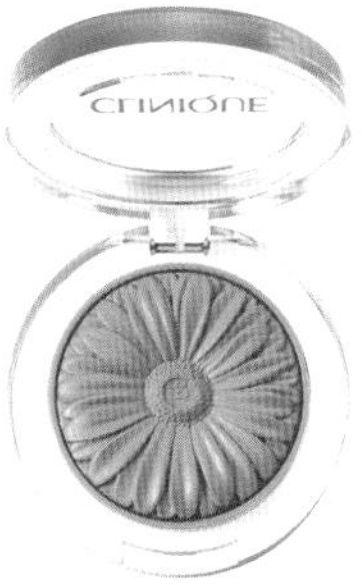

チーク ポップ 12 ¥3300／クリニーク ラボラトリーズ

【マスカラ】

毛先まで
スッと伸びた
美まつ毛に。

ディーアップ パーフェクト エクステンション マスカラ ¥1500／ディー・アップ

【シェーディング】

影が肌に
溶け込んだような
自然な仕上がりに。

M·A·C ミネラライズ スキンフィニッシュ／ナチュラル ミディアムダーク ¥4500／M·A·C

【ハイライト】

スパークリングゴールドの
輝きでヘルシーなツヤと
立体感をつくれる。

RMK グロースティック GD ¥2000／RMK Division

Type 1 {キュート}

可愛さ重視 華やかメイクコスメ

【チーク】

みずみずしいジューシーな
仕上がり。血色感を引き出す
ピンクローズ。

ジェル ブラッシュ 04 ¥3000
／ポール & ジョー ボーテ

【アイシャドウ】

鮮やかな発色が
見た目にも楽しい
ポップなレッド。

マジョリカ マジョルカ シャドーカスタマイズ RD422
¥500／資生堂

【リップ】

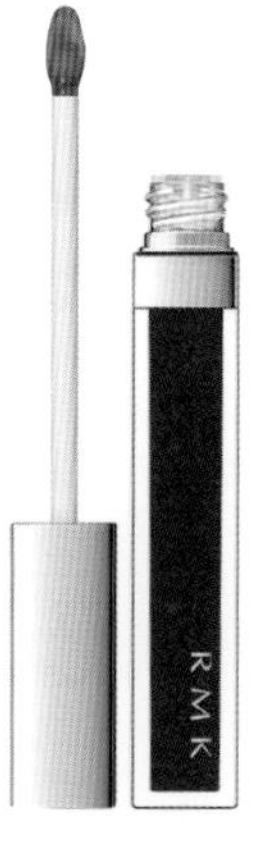

濃密なジェルが
ぷるんとした
立体的な唇をつくる。
ポッとほのかに染める
チェリーカラー。

RMK リップジェリーグロス
13 ¥2200／RMK Division

フレッシュ

爽やかさ重視

ベーシックメイクコスメ

【アイブロウ】

抜け感のある
赤みブラウンで
カジュアルに。

ケイト 3Dアイブロウカラー
BR-3 ¥850（編集部調べ）／
カネボウ化粧品

オレンジの
ニュアンスが
こなれた眉を演出。

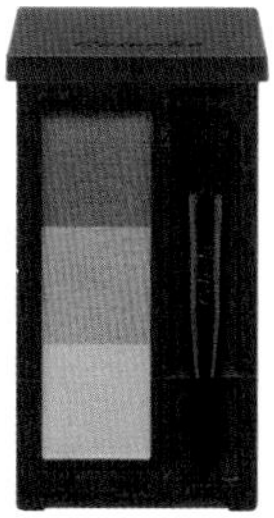

セルヴォーク インディケイト
アイブロウパウダー05 ¥3500
／セルヴォーク

【アイライナー】

黒ほど主張しない、
でもきちんと目元が
際立つブラウン。

キャンメイク クリーミータッチライナー 02 ¥650／井田ラボラトリーズ

【アイシャドウ】

マットで鮮やかなキャメル
カラー。目元を
ナチュラルに引き立てる。

アディクション ザ アイシャドウ マット プラリネ ¥2000／アディクション ビューティ

ミントグリーンと
ピンクの組み合わせで
爽やかさと可愛さが両立。

トーン ペタル アイシャドウ
17 ¥2200／トーン

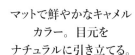

{フレッシュ}

【チーク】

**生き生きとした
表情に見える
フレッシュコーラル。**

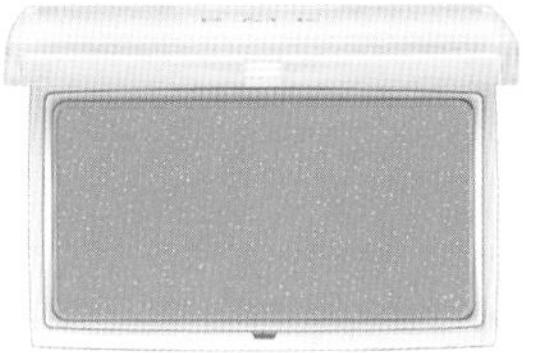

RMK インジーニアス パウダーチークス N 08 ¥3000／RMK Division

【マスカラ】

**まつ毛1本1本が
伸びたように
繊細な仕上がり。**

ラッシュ パワー マスカラ ロング ウェアリング フォーミュラ 01 ¥3500／クリニーク

【マスカラ下地】

**マストのマスカラ下地。
カール力もキープ力も
ベスト！**

キャンメイク クイックラッシュカーラー 透明タイプ ¥680／井田ラボラトリーズ

【ハイライト】

**リアルな素肌感をつくる。
自然なツヤと血色感の出る
ハイライト&チークベース。**

シマリング グロー デュオ 01
¥4500／THREE

【リップ】

**ヘルシーな
コーラルでカジュアルな
口元に。**

RMK リップスティック コンフォート エアリーシャイン 07
¥3500／RMK Division

モード感重視

華やかメイクコスメ

【アイシャドウ】

繊細で上品な
パール感がひそむ
チョコブラウン。

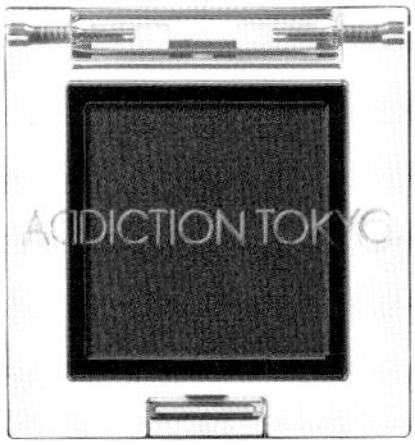

アディクション ザ アイシャドウ パール チョコレート ハイ ￥2000／アディクション ビューティ

マットで鮮やかな
キャメルカラー。
目元をナチュラルに引き立てる。

アディクション ザ アイシャドウ マット プラリネ ￥2000／アディクション ビューティ

【リップ】

潤いを感じる
マットな仕上がりの
血色ブラウン。

リップスティック 2972 ￥3300／NARS JAPAN

【チーク】

どんなアイメイク、
リップとも相性抜群の
定番ローズベージュ。

セザンヌ ナチュラル チークN 18 ￥360／セザンヌ化粧品

※アイブロウ、アイライナーはベーシックメイクと同じものを使用

フェミニン

上品さ重視 ベーシックメイクコスメ

【アイブロウ】

極細芯で
繊細かつ上品な
美眉が完成。

アイブロウ スリム BR21 ¥3800（セット価格）／エレガンス コスメティックス

アイブロウパウダーとそろえた
赤みブラウンで
まとめて。

フーミー マルチマスカラ reddee レッドブラウン ¥1500／Clue

女性らしさが
引き立つ
赤みブラウン系。

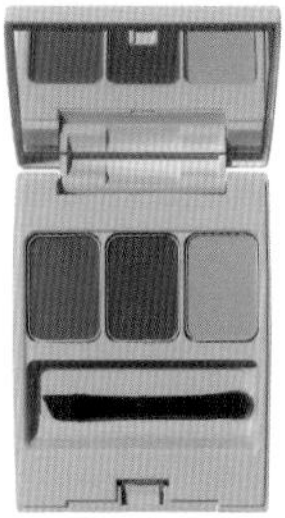

フーミー アイブロウパウダー＋レッドブラウン ¥1800／Clue

【アイライナー】

華やかさと可愛さを叶える
赤み系ブラウン。
美容成分配合で目元ケアにも◎。

ラブ・ライナー リキッドアイライナー R3 ブラウン ¥1600／msh

【アイシャドウ】

上質なピンクと
ベージュカラーで
大人可愛いを実現。

ルナソル スリーディメンショナルアイズ 02 ¥5000／カネボウ化粧品

【チーク】

血色感と華やかさの
両方を叶えてくれる
ローズ系。

エクセル スキニーリッチチーク RC03 ￥1500／常盤薬品工業

【ハイライト】

上品な光沢感で
どんな肌色にも
どんなメイクにもなじむ。

ルミナイザー ￥4900／rms beauty

【マスカラ】

目力効果抜群！　濃厚ブラックで
贅沢なボリュームと
長さに仕上げる。

ラッシュ クイーン フェリン ブラック WP ￥4800／ヘレナルビンスタイン

【リップ】

唇に濡れたようなツヤを
生み出す。フレッシュな
ローズカラー。

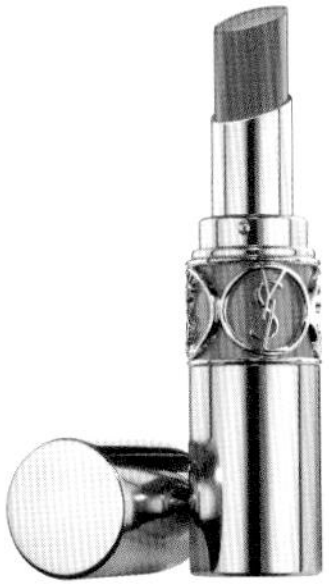

ルージュ ヴォリュプテ シャイン 43　￥4100／イヴ・サンローラン・ボーテ

Type 3

フェミニン

女っぽさ重視

華やかメイクコスメ

【チーク】

顔色がパッと明るくなる
コーラルピンク。ゴールドパールが
チラチラ見え隠れ。

M·A·C ミネラライズ ブラッシュ デインティ ￥3500／M·A·C

【アイシャドウ】

ラブリーな目元をつくるフューシャ
ピンク系。重ねてもくすまない
クリアな発色とリッチな質感。

エクセル リアルクローズシャドウ CS02 ￥1500／常盤薬品工業

【リップ】

ツヤツヤの濃密な
ピンクレッド。
この1本で
フェミニンの完成。

ジルスチュアート　ルージュ リップブロッサム 203 ￥2800／ジルスチュアート ビューティ

※アイブロウ、アイライナーはベーシックメイクと同じものを使用

美人感重視 ベーシックメイクコスメ

【アイブロウ】

赤み強めブラウンで
旬眉に。

フーミー マルチマスカラ reddee レッドブラウン ¥1500／Clue

眉の1本1本を
緻密に
描けるペンシル。

インディケイト アイブロウペンシル 01 ¥2000／セルヴォーク

パープル
ニュアンスで
モードっぽさをプラス。

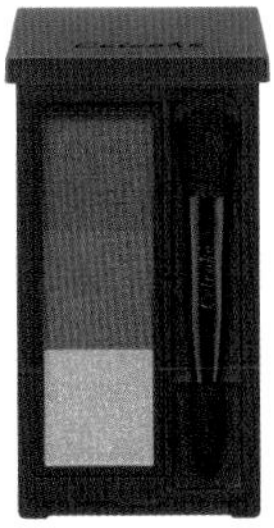

セルヴォーク インディケイト アイブロウパウダー 03 ¥3500／セルヴォーク

【アイライナー】

キリッとした目元に必須の
漆黒ブラック。
ブレずにラインが描きやすい◎。

K-パレット リアルラスティングアイライナー 24h WP SB ¥1200／クオレ

【アイシャドウ】

ほんのり
ピンクニュアンスのある
ブラウンで優しい目元に。

エクセル スキニーリッチシャドウ SR03 ¥1500／常盤薬品工業

Type 4 クール

【チーク】

骨格をシックに
強調する
シナモンカラー。

キャンメイク グロウフルール
チークス 12 ￥800／井田ラボ
ラトリーズ

【マスカラ】

どんな目の形にもフィットする
カーブブラシ。まつ毛を
くまなくキャッチしてボリュームアップ。

グランディオーズ ￥4200／
ランコム

【ハイライト】

透明感のある発色で
肌そのものが輝いているような
仕上がりに。

M·A·C ミネラライズ スキン
フィニッシュ ライトスカペー
ド ￥4200／M·A·C

【リップ】

潤いを感じるツヤと透け感。
肌なじみのいい
上品なベージュ。

セルヴォーク ディグニファイ
ドリップス 03 ￥3200／セル
ヴォーク

エレガントさ重視

華やかメイクコスメ

【チーク】

自然な血色感で
肌に溶け込む。
シックなレッドが大人っぽい。

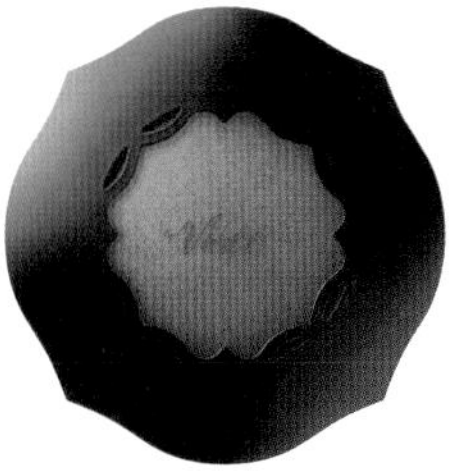

ヴィセ リシェ フォギーオン
チークスＮ RD421 ￥1500（編
集部調べ）／コーセー

【アイシャドウ】

どれをとっても捨て色なし。
ローズ系からピンク系まで
重ねても混ぜても◎。

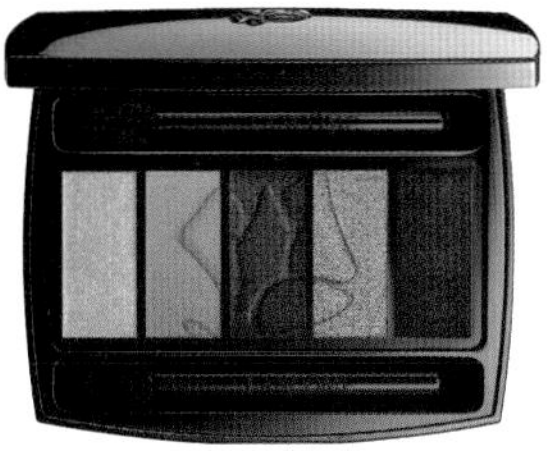

イプノ パレット 12 ￥6800／
ランコム

【リップ】

唇だけでなく顔の
印象まで引き立てる。
レディライクな口元に
なれるローズカラー。

ピュア カラー エンヴィ リップ
スティック 126 ￥4000／エ
スティ ローダー

※アイブロウ、アイライナーは
ベーシックメイクと同じものを使用

Cosmetics

アディクション ビューティ　0120-586-683
rms beauty　03-6427-8177
RMK Division　0120-988-271
イヴ・サンローラン・ボーテ　0120-526-333
井田ラボラトリーズ　0120-44-1184
エスティ ローダー　0570-003-770
msh　0120-131-370
エレガンス コスメティックス　0120-766-995
カネボウ化粧品　0120-518-520
クオレ　0120-769-009
クリニーク　0570-003-770
Clue　03-5643-3551
コスメデコルテ　0120-763-325
コーセー　0120-526-311
資生堂　お客さま窓口　0120-81-4710
ジルスチュアート　ビューティ　0120-878-652
THREE　0120-898-003
セザンヌ化粧品　0120-55-8515
セルヴォーク　03-3261-2892
ディー・アップ　03-3479-8031
常盤薬品工業 サナお客さま相談室　0120-081-937
トーン　03-5774-5565
NARS JAPAN　0120-356-686
ヘレナ ルビンスタイン　0120-469-222
ポール & ジョー ボーテ　0120-766-996
M・A・C　0570-003-770
マッシュビューティーラボ　03-5774-5565
ランコムお客様相談室　0120-483-666
レ・メルヴェイユーズ ラデュレ　0120-818-727

※価格はすべて税抜表示。2020年10月2日現在のものです。

Staff

BOOK DESIGN　加藤京子（sidekick）
DESIGN ASSISTANT　川北薫乃子（sidekick）
PHOTOGRAPHS　鈴木希代江
HAIR　関亜矢子
MODELS　大西百合子（スペースクラフト・エージェンシー）
横川莉那（スペースクラフト・エージェンシー）
ひなた真琴（スペースクラフト・エージェンシー）
國嶋絢香（シンフォニア）
ILLUSTRATION　南夏希
DTP　内藤富美子（北路社）
TEXT　丸岡彩子
SPECIAL THANKS　藤岡ひとみ

【著者紹介】

岡田　実子（おかだ・じつこ）

◉——イメージコンサルタント。一般社団法人日本顔タイプ診断協会代表理事。イメージコンサルティングサロンHAPPY SPIRAL代表。イメージコンサルタントプロ養成スクールHAPPY SPIRAL Academy代表。

◉——立命館大学卒業後、３年間企業に勤めたのち結婚。１年間専業主婦をしたあとに、化粧品販売の仕事をはじめ、販売成績が全国トップクラスになる。その後、メイクだけでなく、色やファッションまでトータルに女性の魅力を引き出したいという強い思いから、カラースクール、イメージコンサルタントスクール、メイクスクール、骨格診断、スタイリストスクールなど７つのスクールに通う。2005年よりイメージコンサルタントとして起業し、銀座にサロンを設立。予約の取れない人気サロンとなり、のべ5000人以上の診断、プロデュースを行う。多くのお客様にアドバイスをするうちに、「顔」によってひとりひとり似合うメイクが違うことに気づき、顔タイプメイク® というオリジナルメソッドを考案。ナチュラルなメイクながら別人級に可愛く、美人になれると大好評を得る。レッスンを受講する人は日本全国のみならず海外からも訪れるほど人気となる。

◉——2016年、イメージコンサルタント、メイクアップアーティストプロ養成スクールHAPPY SPIRAL Academyを開校。2017年、一般社団法人日本顔タイプ診断協会を設立する。著書に『顔タイプ診断® で見つかる本当に似合う服』（かんき出版）がある。

公式ホームページ　https://kaotype.jp/
https://happy-spiral.com/
https://happyspiral-academy.com/

※顔タイプメイク、顔タイプ診断は登録商標されています。本文では®、™マークは省略しています。

自《じ》分《ぶん》史《し》上《じょう》最《さい》高《こう》のキレイが手《て》に入《はい》る顔《かお》タイプメイク®

2020年11月２日　第１刷発行
2020年11月13日　第２刷発行

著　者——岡田　実子
発行者——齊藤　龍男
発行所——株式会社かんき出版
東京都千代田区麹町4-1-4 西脇ビル　〒102-0083
電話　営業部：03(3262)8011㈹　編集部：03(3262)8012㈹
FAX　03(3234)4421　振替　00100-2-62304
https://www.kanki-pub.co.jp/

印刷所——シナノ書籍印刷株式会社

ISBN978-4-7612-7515-0 C2077